COLLECTION MICHEL LÉVY

ŒUVRES COMPLÈTES

D'ALPHONSE KARR

ŒUVRES COMPLÈTES

D'ALPHONSE KARR

PARUES DANS LA COLLECTION MICHEL LÉVY

Agathe et Cécile.	1	vol.
Le Chemin le plus court.	1	—
Les Femmes.	1	—
Encore les Femmes.	1	—
La Famille Alain.	1	—
Feu Bressier.	1	—
Les Fleurs.	1	—
Geneviève.	1	—
Les Guêpes	6	—
Hortense.	1	—
Menus propos.	1	—
La Pêche en eau douce et en eau salée.	1	—
La Pénélope normande.	1	—
Une Poignée de vérités.	1	—
Promenades hors de mon jardin.	1	—
Raoul.	1	—
Roses noires et roses bleues.	1	—
Les Soirées de Sainte-Adresse.	1	—
Sous les orangers.	1	—
Sous les tilleuls.	1	—
Trois cents pages.	1	—
Voyage autour de mon jardin.	1	—

Coulommiers. — Imprimerie de A. MOUSSIN.

HORTENSE

PAR

ALPHONSE KARR

NOUVELLE ÉDITION

PARIS
MICHEL LÉVY FRÈRES, LIBRAIRES-ÉDITEURS
RUE VIVIENNE, 2 BIS

1861

Tous droits réservés

HORTENSE

I

Histoire de brigands. — Les amis littéraires. — Les pataches. —
Débuts de M. Charles Lefloch dans les rôles de Scapin.

FERNAND A PROSPER

25 juin 182..

Les voyages prouvent moins de curiosité pour les choses que l'on va voir que d'ennui de celles que l'on quitte. Tu sais, mon cher Prosper, à quel degré de dénûment nous étions parvenus, et quelle nécessité m'a fait tenter une nouvelle attaque contre la bourse de mon cher oncle et tuteur. Les choses, je crois, tourneront mieux que nous n'avions osé l'espérer, et, après avoir suffisamment exploré le terrain, je vais, d'ici à deux ou trois jours, engager une action définitive.

Notre voyage a été comme presque tous les voyages : il ne nous est rien arrivé, et un voyage de cinquante lieues n'est pas assez lointain pour qu'on puisse se permettre d'inventer des circonstances. Charles était dans l'intérieur, j'étais sur l'impériale de la voiture avec trois autres personnes, qui, toutes trois, se sont crues obligées de me donner des raisons de leur situation. L'un de mes compagnons voyageait ainsi *par goût*, la vue étant plus belle ; l'autre n'avait pu obtenir d'autre place ; le troisième ne pouvait satisfaire autrement son habitude de fumer. C'est une chose étrange que la vanité. Je comprendrais un mensonge qui aurait pour but de se rendre agréable aux autres ; mais ceux de mes compagnons de voyage ne voulaient pas dire autre chose que ceci : « Je vous prie de ne pas croire que ce soit par défaut d'argent, comme vous, que je me suis ainsi juché sur la voiture avec les ballots. » Je me sentis d'assez mauvaise humeur de cette impertinence, d'autant plus qu'ils avaient pris à eux trois les trois seuls mensonges dont il fût possible de colorer notre misère, et que j'étais, faute de mieux, réduit à dire la vérité ou à ne rien dire.

Si ma lettre devait être publiée ou seulement lue par une douzaine de personnes, tu peux être persuadé que j'userais ici de tous mes avantages, et que je me servirais de toi comme tout voyageur se sert de l'ami auquel il écrit.

« Reste à Paris, te dirais-je, toi qui, plus

sage que moi, as consacré ta vie aux calculs de la fortune et aux luttes de l'ambition ; toi, esprit exact et sachant le prix des choses, qui ne te livres pas à de vaines et poétiques rêveries, etc. »

Ce qui signifie que l'ami auquel on écrit est un rustre, un butor, un boutiquier, une huître, un cloporte destiné à faire ressortir par un contraste l'âme élevée, le désintéressement artistique, la poétique désinvolture de l'ami qui écrit.

Mais ma lettre, destinée à allumer ta pipe, n'en jetterait pas pour cela une flamme plus brillante et plus pure ; je n'userai donc que d'un seul des avantages de ma position d'ami de voyage en t'envoyant une liste de commissions à faire pour moi, commissions que, sans aucun doute, tu ne ferais pas pour toi, que je trouverais bien quelque prétexte de ne pas faire non plus si j'étais à Paris, mais qui, vu l'éloignement et l'impossibilité où je suis d'en avoir la corvée, me paraissent d'une telle urgence, que je te prie de n'y apporter aucun retard.

Quand je te disais que mon voyage n'avait été marqué par aucun accident, j'oubliais des aventures de voleurs au nombre de deux par jour, c'est-à-dire à l'heure du déjeuner ou du dîner dans les auberges.

Certains voleurs de grande route, en effet, vu les progrès de la civilisation, les écoles primaires et le déboisement de la France, ayant remarqué qu'on les pendait quelquefois et qu'on les envoyait fréquemment aux galères, ont sans doute cru devoir apporter à leur profession des modifications plus apparentes que réelles, qui l'ont placée à la hauteur des autres industries. Ils ont pris une patente, et, pour ne pas abandonner le théâtre de leurs anciens exploits, ils se sont établis aubergistes sur les grandes routes ; là, ils attendent les voyageurs comme autrefois ; seulement, au lieu de la chasse à courre, ils font la chasse à la pipée ; ils attirent les infortunés par l'appât d'une prétendue nourriture, et, quand ils ont mordu à l'hameçon, ils sont pris : l'aubergiste les rançonne à sa guise avec la permission de M. le maire et la protection du gouvernement et de la gendarmerie.

Je me suis tellement convaincu de ce léger changement, que j'ai aussi grand'peur à l'aspect d'un bonnet de coton blanc et d'un tablier avec un couteau de cuisine, que les anciens voyageurs quand ils voyaient débusquer les brigands de leur temps, que l'on ne retrouve plus qu'au théâtre, avec un chapeau à la Henri IV, une veste et un pantalon brun, une ceinture rouge pleine de pistolets et des bottes jaunes évasées par le haut.

Charles a soutenu parfaitement son rôle ! Nous avons trouvé de nouveaux arguments à t'opposer, à toi qui n'approuvais pas que Charles m'accompagnât. Auriez-vous pu vivre honorablement tous deux, dis-le-moi, avec les sommes restant en caisse jusqu'à mon retour? et n'était-il pas très-urgent de te dégrever de Charles? et penses-tu que mon oncle aurait bien reçu l'invasion d'un camarade, et que cela l'eût parfaitement disposé à me voter les subventions que je vais le prier de m'accorder sur le bien de mon père? L'expédient trouvé par Charles, de jouer le rôle de mon domestique, n'a-t-il pas le triple avantage de nourrir confortablement le susdit Charles aux dépens du susdit oncle, de flatter la vanité du même oncle par l'apparition d'un neveu aussi fashionable, et de lui faire mieux comprendre que ma position dans le monde exige un notable supplément de revenu ; enfin, de jeter un peu de gaieté sur un voyage et sur un séjour mortellement ennuyeux ?

Arrivés à Nevers, la voiture, qui suivait la route de Clermont, nous a laissés sur le pavé. On ne pouvait partir que le lendemain à trois heures du matin, et encore ne pouvait-on pas nous assurer de places. Nous nous logeâmes (il n'y a pas moyen, dans un récit de voyage, d'éviter ce malheureux prétérit : nous partîmes, nous cinglâmes, nous demeurâmes, qui suffirait pour me faire détester les voyages et les voyageurs ; mais je ne suis pas fâché d'infliger à mon tour quelques-uns de ces prétérits), nous nous logeâmes chez un aubergiste du faubourg, *au Grand Mouesse ;* il était tout préoccupé d'un hôtel qu'il fait bâtir dans un autre quartier de la ville.

— Monsieur, lui dit Charles, les chambres que vous nous donnez sont ignobles.

— Monsieur, répondit l'hôtelier, il y aura, dans l'hôtel que je fais bâtir, quarante chambres de maître et trente chambres de domestique.

CHARLES. — Les vitres sont cassées, les papiers en lambeaux.

L'HÔTELIER. — Tout parqueté, les escaliers frottés tous les jours, des lits excellents.

CHARLES. — Les nôtres n'ont pas de rideaux.

L'HÔTELIER. — Il y aura une salle de billard et une salle de bains.

CHARLES. — De plus, votre vin est détestable.

L'HÔTELIER. — J'ai passé des marchés avec des propriétaires, et j'aurai la cave la mieux montée du pays. Il y aura surtout un certain bordeaux...!

On vint de la diligence nous éveiller à deux heures et demie dans la nuit ; on frappa à tout rompre.

— Ohé ! les voyageurs qui ont demandé deux places pour***.

Le domestique de l'hôtel vint frapper à nos portes.

— Est-ce vous, messieurs, qui avez demandé deux places pour *** ?

— Oui.

— Eh bien, on vous appelle.

Nous nous habillons à la hâte ; nous prenons nos valises. Le domestique nous précède avec une lanterne.

— Ohé ! v'là tes voyageurs !

— Est-ce vous, messieurs, dit à son tour l'envoyé de la diligence, qui avez demandé deux places pour *** ?

— Oui.

— Ah!... Eh bien, il n'y en a pas.

— Comment! il n'y en a pas?

— Non! la voiture de Paris est complète.

Charles, avec le plus grand sang-froid, demande pardon de l'avoir dérangé au domestique de l'hôtel, qui nous dit qu'il n'y a pas de mal. Nous nous recouchons. Le matin, nous sommes assiégés de conducteurs de patache. Tu ne sais pas, ô Prosper, ce que c'est qu'une patache. Écoute donc, et plains deux amis magnanimes qui t'ont laissé aux douceurs, à la paix et au *far niente* de l'atelier, pour aller ainsi courir les aventures. As-tu vu quelquefois notre vénérable portière, la mère Biroux, plus familièrement *m'an Iroux*, trouvant le matin dans sa souricière quelque malheureuse prisonnière, prendre la souricière et la secouer violemment à deux mains jusqu'à la mort de la coupable? C'est précisément le rôle de la souris que joue le voyageur en patache. Le plancher de la voiture, à chaque pas du cheval, l'envoie au plafond ; le plafond le renvoie au plancher, qui le renvoie au plafond.

J'éclaire Charles sur les pataches ; nous congédions les patachons avec horreur. Un homme nous offre une calèche. Charles va accepter ; moi, plus prudent ou plus expérimenté, je crains que la calèche ne soit une patache déguisée. Je demande à la voir ; on me montre une véritable calèche, ma foi, peut-être un peu surannée, mais suspendue, mais avec des coussins. Nous montons dans la calèche avec enthousiasme ; nous partons, nous félicitant mutuellement de n'avoir pas à faire en patache les onze lieues qui séparent Nevers de la maison de mon oncle. Nous faisons ainsi cinq lieues. Le conducteur nous demande le prix con-

venu, auquel nous ajoutons un honnête pourboire.
A la cinquième lieue, nous arrêtons pour déjeuner;
il était dix heures du matin. Nous déjeunons. Notre
conducteur disparaît sur la fin du déjeuner ; sans
doute, il va atteler ses chevaux. Au bout d'un
quart d'heure, l'aubergiste nous demande :

— Si ces messieurs veulent monter en voiture?

Nous sortons ; nous trouvons devant la porte
la plus affreuse des pataches.

— Ah ! dis-je à Charles, viens voir comment
sont construites les pataches, et te faire une idée
de l'horrible supplice que nous avons évité. Vois,
posée sur l'essieu !

— Et sur un chemin ferré !

— C'est bien la souris de m'an Iroux.

— Je voudrais bien voir les têtes des malheureux que l'on trimbale là dedans.

— Ils déjeunent.

— Les pauvres diables doivent en avoir besoin.

— Ces messieurs veulent-ils monter? nous répète l'aubergiste.

— Oui ; où est la voiture ?

— Eh mais, la v'là donc !

Et il nous montre la patache.

— Mais non, mon ami, c'est la calèche qui est à nous.

— C'est la calèche qui nous a amenés.

— La calèche à Jean Cavois?

— Oui !

— Je le sais bien ; mais Jean Cavois ne vient jamais que jusqu'ici avec sa calèche, et c'est moi qui conduis les voyageurs à destination.

— Mais c'est une infamie !

— Je ne dis pas, mais je n'en suis pas la cause. La patache n'est pas trop mauvaise, tout de même.

— Nous voulons notre calèche. Où est-elle ?

— Sur la route de Nevers.

— Et Jean Cavois?

— Toujours sur le siége.

— Cela ne se passera pas comme ça. Il doit y avoir un maire, un magistrat, quelqu'un ?

— Oui, à Moulins.

— Mais nous n'allons pas à Moulins.

— Vous n'êtes pas sur la route, mais il y a des autorités à Nevers.

— Merci, retourner à Nevers! mais nous y passerons en nous en allant, et j'étranglerai Jean Cavois.

— Comme monsieur voudra. Ces messieurs veulent-ils monter ?

— Dans ton affreuse patache?

— J'n'ai absolument que ça à vous offrir.

La calèche n'est qu'une amorce avec laquelle

Jean, le brigand de Jean Cavois, est allé piper d'autres voyageurs.

— Ces messieurs veulent-ils monter?

— Là dedans?

— Dans ta boîte?

— Dans ta bière?

— J'ai déjà dit à ces messieurs que j'n'ai que ça : la plus belle fille du monde ne peut donner que ce qu'elle a.

Nous nous décidons à monter. La patache était attelée à deux chevaux de la *force d'un cheval et demi*. Une grosse bête alezane, avec la crinière, la queue et de longs poils au paturon d'un jaune pâle, était dans les brancards; à côté, en dehors des roues, attaché par deux cordes, tirait un autre cheval un peu plus petit qu'un âne; il avait une grosse tête presque blanche ; quoique le reste du corps fût gris de fer, sa queue était dénuée de poils; ses jambes, plutôt grêles que fines, étaient plus claires que le corps, ce qui est en général un signe de faiblesse : il galopait à côté de l'alezane, qui trottait sous elle.

Notre homme sur le brancard de la patache allait au pas quand *ça montait* et aussi quand *ça descendait* ; les terrains les plus plats et les plus unis étaient intitulés par lui *montagne* ou *ravin*. Il manifestait une remarquable et injuste préférence pour la grosse alezane. De temps à autre, il faisait entendre un *hue !* d'un ton grave et plein qu'il tirait du plus creux de sa poitrine, et qu'il faisait suivre immédiatement d'un *hue !* ou plutôt d'un *hie !* suraigu en fausset; après quoi, il posait son fouet sur la sellette de l'alezane en lui disant de sa voix la plus douce et la plus meilleuse :

— Allons, Lisa !

Puis il sanglait un coup sous le ventre de son

compagnon, qui cessait de galoper, en criant :

— Mille tonnerres! le Gris, *hue! hie!* Messieurs, où descendez-vous, à ***?

Nous ne voulions pas tomber chez mon oncle comme deux bombes, et il était décent de faire un peu de toilette avant de se présenter ; Charles surtout avait à mettre sa livrée d'emprunt.

— Nous descendrons au Lion d'or.

— Monsieur veut dire au Lion d'argent?

— Non, au Lion d'or.

— Au Lion d'argent.

— Mais, mon brave homme, quand je vous dis que c'est au Lion d'or.

— Je ne connais pas le Lion d'or; mais on est très-bien au Lion d'argent.

— C'est égal, c'est au Lion d'or que je veux descendre.

— Hue! hie! Allons, Lisa! Mille tonnerres! le

Gris, hue! hie! (Entre les dents :) C'est au Lion d'argent qu'ils veulent dire. Hue! hie! Allons, Lisa!

Comme nous entrions dans le hameau, le voiturier rencontra un faucheur.

— Ohé! Jean, dit le faucheur, vous v'là par ici?

— Oui, et vous?

— Ça va bien?

— Oui, et vous?

— Moi aussi.

— Où descendez-vous votre monde?

— Au Lion d'Argent.

CHARLES. — Ah çà! il est trop obstiné, le patachon. C'est au Lion d'or, Lion d'or, d'or d'or!

LE FAUCHEUR. — Où est-ce donc, le Lion d'or?

Le patachon, qui est descendu sous prétexte de côte :

— C'est au Lion d'argent; il n'y a pas de Lion d'or. Est-ce que vous connaissez le Lion d'or?

— Non.

— C'est que c'est le Lion d'argent qu'ils veulent dire.

Un quart d'heure après, la patache s'arrête. Le maître de l'auberge sort.

— Ces messieurs veulent-ils descendre?

— Où sommes-nous?

— A l'auberge du Lion d'argent.

— Ah çà! mais, patachon, quand on vous dit de nous conduire au Lion d'or.

L'HÔTELIER. — Vous ne serez pas mieux au Lion d'or que chez moi, messieurs.

— Je le crois; mais c'est au Lion d'or que je veux descendre.

— Ils ont encore, ce matin, acheté du poisson

si avancé, que je n'en aurais pas voulu pour rien.

CHARLES. — Ah çà ! patachon, voulez-vous, oui ou non, nous mener au Lion d'or ?

LE PATACHON. — Mais, monsieur, il n'y a pas de Lion d'or.

MOI. — Mais j'y ai descendu dix fois !

LE PATACHON. — Alors, c'est possible... Oh ! où est donc le Lion d'or, vous autres ?

— La deuxième rue à gauche.

— Tiens, je n'aurais pas cru ; c'est que je n'y mène jamais ; tous les gens bien, tous les gens de la haute volée, tous les commis voyageurs, descendent au Lion d'argent. »

Au Lion d'or, nous demandons à déjeuner ; il sera de bon goût de ne rien accepter chez l'oncle avant l'heure du dîner.

— Ah çà ! Charles, nous voici arrivés ; il faut se

décider sur la manière dont je t'introduis chez mon oncle.

— Mais c'était décidé avant notre départ.

— Ce sont là des plaisanteries pleines de difficultés quand on arrive à l'exécution ; pense que nous devons rester un mois, et que mon oncle te prendra et te fera travailler.

— Je trouverai bien moyen d'éluder, et tu me donneras des commissions ou des occupations qui prendront tout mon temps, et, une fois commencée, la pièce ne pourra pas s'interrompre.

— Je t'assure que cela ne sera drôle que pendant trois ou quatre jours.

— Ça m'est égal ; j'aime mieux ça que d'être reçu par l'oncle comme un ami grugeur et parasite.

— Es-tu bien décidé ?

— Parfaitement.

— Alors, mets ta livrée.

Et Charles mit la livrée grise avec des boutons de cuivre et un passe-poil jaune.

Je fus très-passablement reçu chez mon oncle.

Charles dîna à la cuisine avec les laboureurs et les domestiques. Le soir, comme je m'endormais, on frappa à ma porte.

— Qui est là ?

— C'est moi.

— Qui vous ?

— Charles.

J'ouvre. Charles entre, les bras chargés de bottes et de souliers.

— Ah çà ! voilà ce qu'on m'a donné à faire ; tu vas m'aider.

— Eh bien, c'est amusant.

— A nous deux, c'est l'affaire d'une demi-heure. Voici les brosses et le cirage.

Nous nous mettons à la besogne tout en causant.

— Eh bien, Charles, parle franchement ; avoue que tu es fâché de ne pas m'avoir cru ce matin et d'avoir commencé la plaisanterie.

— Mais pas du tout.

— Allons donc !

— Pas le moins du monde. Il y a à la cuisine la petite femme de chambre de ta tante, qui est ravissante.

— Ah ! ah ! prends garde, ma tante est très-prude... pour ses femmes de chambre. Tu sais que, demain, tu serviras à table ?

— Oui.

— Il y a un grand dîner pour mon arrivée, une demi-douzaine de voisins. Mon rôle ne sera pas plus facile que le tien ; mon oncle me croit second clerc chez M⁰ Leblanc, avoué, rue Montmartre.

— Eh bien ?

— Eh bien, il faut soutenir la situation. Ces vieux propriétaires campagnards sont très-forts sur la chicane ; ils vont m'écraser, moi qui n'ai jamais mis les pieds à l'étude ; ce n'est pas en peignant avec vous autres que j'ai appris l'argot de la chose. Heureusement, j'ai à glisser dans le dialogue une phrase qui les éblouira.

— Voyons ta phrase.

— Les nullités d'ordre public ne se purgent pas par confirmation ni même par novation.

— C'est très-bien.

— J'ajouterai que la cause est inopérante, que la preuve est irrecevante. Et, s'ils ne sont pas contents, c'est qu'ils seront difficiles.

— Voilà les bottes cirées ; bonsoir.

— Bonsoir, Charles.

— A quelle heure faut-il réveiller monsieur demain matin?

— Monsieur sonnera.

Charles me donne un coup de poing et un coup de pied, et s'en va avec les souliers et les bottes.

Le lendemain matin, je dormais encore à huit heures et demie, quand mon oncle entra dans ma chambre.

— Ah çà! Fernand, me dit-il, sais-tu que ton domestique ne se gêne guère? Il dormait, il y a dix minutes, comme un bienheureux.

— Mon oncle, ce pauvre garçon doit être bien fatigué.

— Ça n'empêche pas que je l'ai un peu secoué.

Tu comprends, mon cher Prosper, quel frisson me parcourut le corps, à ces paroles, depuis les pieds jusqu'aux cheveux. Pourvu que Charles n'ait pas à son tour secoué mon oncle !

— Et...?

— Eh bien, le garçon ne manque pas de docilité ; il s'est excusé de son mieux.

— Mais, mon oncle, je n'ai pas encore vu ma cousine.

— Elle est chez des amies; mais je lui ai déjà, ce matin, envoyé un exprès; tu la verras à dîner. Vas-tu te lever?

— Oui, mon oncle.

Et je sonnai. Charles arriva la tête couverte de papillotes; mon oncle recula.

— Qu'est-ceci? demanda-t-il.

— Ah! mon oncle, c'est que vos domestiques ne vous ont pas accoutumé à la coquetterie de

Charles; c'est un garçon très-propre et très-soigneux.

— Qui met des papillotes !

— Oui, mon oncle, c'est beaucoup plus convenable.

— Je n'aurais jamais deviné celui-là.

CHARLES. — Le déjeuner de monsieur est prêt.

MOI. — Comment... mon déjeuner ?

CHARLES. — Monsieur m'ayant dit hier au soir qu'il déjeunerait dans sa chambre, j'ai tout fait préparer.

MON ONCLE. — C'est bien pour aujourd'hui ; mais j'espère que demain, monsieur mon neveu, tu nous feras l'honneur de déjeuner avec nous ?

— Certainement, mon oncle.

Mon oncle sort.

— Charles, pourquoi me fais-tu déjeuner dans ma chambre ?

— Pourquoi? Tu vas le savoir.

Charles sort et revient avec un plateau surchargé de viandes froides et une bouteille de vin de Bordeaux.

— Mais je ne mangerai jamais tout cela.

— Je l'espère bien.

— Comment cela, monsieur Charles?

Charles ne repond pas; il met le plateau sur une table, devant mon lit, apporte une chaise de l'autre côté de la table, s'y assied, tire de ses poches un couvert, prend un second verre sur la commode, et nous déjeunons.

— Tu comprends parfaitement que je ne négligerai rien pour me dédommager des festins de l'office.

Charles boit, mange, cause. Nous entendons marcher; le couvert de Charles est caché dans la commode, et, debout, la serviette sur le bras, il change mon assiette, quand mon oncle revient me dire que ma tante est levée.

— Monsieur, me dit Charles, comment vous habillerez-vous ce matin ?

— Ah ! ce matin... ce que je mettrai ?... Quel temps fait-il ?

MON ONCLE. — Monsieur mon neveu, j'espère que tu ne viens pas ici pour faire le fashionable.

— Oh ! mon Dieu non, mon oncle.

CHARLES. — Un temps couvert, monsieur.

— Oh !... Eh bien, puisqu'il fait un temps couvert, je mettrai mon habit bleu et mon pantalon gris de perle.

Charles visiblement contrarié :

— Il manque des boutons au pantalon gris de perle.

MOI. — Cela ne me regarde pas ; il fallait en recoudre. Remettez-en !

Mon oncle sort.

CHARLES. — Mais tu n'as pas le moindre pantalon gris de perle.

MOI. — Et le tien?

— Mais le mien, je le garde et je compte le mettre aujourd'hui.

— Ce serait joli, bigarrer ainsi ma livrée.

— Et, d'ailleurs, il est très-juste, tu me le déchireras.

— Je ne le déchirerai pas.

— Sérieusement, je ne veux pas que tu le mettes.

— Ah! tu le prends sur ce ton-là? Eh bien, tu vas avoir de l'amusement; je vais donner à mon oncle l'idée de te faire arroser le jardin.

— Au moins, ménage le pantalon.

Je t'écris ceci avant d'aller saluer ma tante, mon cher Prosper. Demain, je te parlerai de certaines inquiétudes que me donnent la bonne réception de mon oncle et quelques paroles qui lui sont échappées.

II

Continuation des débuts de Charles Lefloch dans les rôles de Scapin et de Mascarille. — Complicité d'un baromètre. — Je voudrais bien ne pas devenir le fils de mon oncle.

FERNAND A PROSPER

2 juillet 182..

J'étais à peine depuis une demi-heure dans la chambre de ma tante, où elle prenait du chocolat avec son mari, qu'il s'était élevé entre eux trois ou quatre discussions dont le motif ne justifiait ni l'aigreur ni la violence : l'une sur le beurre trop salé, l'autre sur les raves trop grosses, et la troisième sur le piano, qui n'était pas d'accord. Je m'en approchai machinalement et je promenai ma main distraite sur le clavier. On me parla de mes progrès dans ma profession, de mes projets pour l'avenir.

— Mon ami, me dit ma tante, j'espère que tu ne donneras pas à de bons parents auxquels t'a confié ton père en mourant, le chagrin de te voir livrer ta jeunesse aux débordements honteux qui perdent l'espoir de tant de familles. Un bon et solide mariage te fera entrer au port dès le commencement du voyage.

— Et, crois-moi, dit mon oncle, c'est dans le mariage, dans une paisible union, que réside tout le bonheur qu'il soit permis à l'homme d'espérer.

— Sur la terre, du moins, ajouta ma tante.

— Ton père, dit mon oncle, n'avait pas de vœu plus cher, et il a fait choix longtemps avant de mourir...

— Le pauvre cher homme! interrompit ma tante.

— Il a fait choix, continua mon oncle, d'une femme entre les mains de laquelle nous n'hésiterons pas à remettre le soin de ton bonheur, nous qui avons vu se réaliser et fleurir en elle des vertus et des qualités qui n'étaient qu'en espérance quand nous avons perdu l'auteur de tes jours.

— J'espère, dit à son tour ma tante, que nous ne trouverons en toi aucune répugnance à l'accomplissement de son vœu le plus cher.

— Pourvu que ce ne soit pas tout de suite, ma tante.

— Au contraire, mon neveu, c'est qu'il est nécessaire que ce soit tout de suite.

— Nous en causerons plus tard, dit mon oncle.

— Pourquoi plus tard? demanda ma tante.

— Parce que..., répondit mon oncle.

Je n'ai presque jamais entendu mon oncle donner une autre raison de ses volontés et de ses décisions. Je n'ai jamais non plus entendu ma tante s'en contenter. Il s'éleva une quatrième discussion. Celle-ci fut plus violente que les trois autres. Je pensais cependant aux joies ineffables que l'on m'annonçait tout à l'heure ne se trouver que dans le mariage. Mon oncle avait l'avantage, et se retranchait dans la plaisanterie amère et dans le sarcasme.

Ma tante l'attaquait de tous les côtés, essayait inutilement tous les endroits qu'elle supposait vulnérables, et portait toujours ailleurs, avec une infatigable persévérance, l'arme qui ne réussissait pas à entamer le point attaqué. Il est rare qu'elle ne finisse pas par trouver le défaut de la cuirasse. Alors mon oncle, se sentant touché, bondit comme un lion, et, perdant tout l'avantage de son sang-froid, se livre avec sa femme à un dialogue vif, précipité, haché et injurieux. Cette stratégie ne varie jamais. Dans cette occasion, mon oncle tint ferme assez longtemps. Aux premières invectives de sa femme, il se contenta de répondre :

— Ah! je comprends maintenant pourquoi j'use tant de culottes ; c'est que nous sommes deux à les porter dans la maison.

— Mon Dieu, dit ma tante, n'aurez-vous donc jamais pitié de moi?

— Le souhait est aimable, dit mon oncle ; dans vos litanies, *libera nos à malo* ne veut pas dire : délivrez-nous du mal, mais de mon... *mari*. Je ne crois pas, ma toute bonne, que Dieu ait une telle préférence pour vous, qu'il s'occupe d'exaucer vos prières sans s'occuper un peu des miennes; et le seul moyen de nous rendre à tous deux le repos et la tranquillité serait qu'il voulût bien faire un miracle en nous rendant veufs tous les deux.

Je ne sais quel mot dit alors ma tante, qu'elle semblait tenir en réserve; mais mon oncle frappa du poing sur la table et fit sauter les porcelaines du déjeuner. Moi, je m'aperçus tout à coup que mes doigts, sans m'en avertir, jouaient depuis dix minutes sur le piano : *Où peut-on être mieux qu'au sein de sa famille ?* du moins la partie de l'air que je sais; car cet air épigrammatique, que je jouais involontairement, je l'avais joué bien des fois étant plus jeune, sur le même piano, avec une coupable préméditation, et dans des circonstances parfaitement analogues; j'avais toujours été arrêté dans mes facéties lyriques par un ou deux soufflets vers la huitième mesure de l'air, et il m'en est resté un instant de trouble et d'hésitation dont je ne pourrais même aujourd'hui me rendre maître, au moment où j'arriverais à cette fatale huitième mesure. Heureusement, cette fois, mon oncle ne m'entendit pas; il m'en aurait trop voulu de ce qu'il n'aurait pas osé me souffleter. Il sortit en fermant brusquement la porte, et Fanny, la femme de chambre dont m'avait parlé Charles, vint prendre quelques ordres de sa maîtresse. Je m'esquivai au plus vite.

Mes craintes, mon cher Prosper, ne deviennent que trop raisonnables : il me paraît démontré jusqu'à l'évidence que l'idée de mon père, surtout celle de mon oncle et de ma tante, est de me faire épouser ma cousine. Non que ma cousine soit une fille désagréable : elle est, au contraire, tout à fait jolie et charmante ; mais je ne comprends pas l'amour pour une fille avec laquelle on a été élevé, à laquelle on a vu apprendre longuement et péniblement chacun des charmes qu'elle possède aujourd'hui. Julie est plus jeune que moi de quatre ans ; aussi ai-je gardé de son enfance des souvenirs très-précis. L'exquise propreté qui la rend aujourd'hui si appétissante, je sais encore avec quelle peine on la lui a fait prendre en habitude, et quels cris elle jetait chaque fois qu'on lui passait un linge mouillé sur le visage. J'ai appris à danser en même temps qu'elle, et je sais toutes les maladresses qu'il lui a fallu perdre une à une avant d'acquérir cette démarche noble et aisée qu'elle possède à présent. Comment puis-je oublier qu'étant enfant, la voix de la vieille Marie lui criait sans cesse : « Julie, voulez-vous bien ne pas vous gratter comme cela ? » ou : « Julie, voulez-vous bien ne pas grimper aux arbres comme un garçon? C'est bien joli pour une demoiselle! »

Et, quand on admire sa voix pure et son talent sur le piano, puis-je jouir comme les autres d'un agrément que j'ai payé par quatre années, pendant lesquelles je l'ai entendue faire des gammes sans interruption, et par tous les sons faux et discordants qui sont sortis de son gosier pour mes oreilles, avant qu'elle arrivât à cette justesse qui enchante aujourd'hui?

Je ne sais s'il peut y avoir de l'amour sans illusions, sans mystères, sans curiosité ; du moins c'est ainsi que l'amour commence, avant de devenir une douce habitude assez robuste pour s'alimenter de réalités. Je plains les guèbres, qui épousaient leurs sœurs, et j'estime fort notre religion et nos lois, qui envoient aux galères dans ce monde, et aux flammes dans l'autre, les gens assez malavisés pour se priver de tous les charmes et de toutes les douces fantasmagories de l'amour.

On dîne à deux heures chez mon oncle ; c'est alors seulement que j'ai fait les réflexions diverses dont j'ai bien voulu ne te dire qu'une partie. Pendant le dîner, je plaçai avantageusement mes phrases d'argot judiciaire. Julie me plaignit spirituellement d'être obligé de me remplir la tête de paroles aussi barbares.

Mais tu n'as jamais rien vu d'aussi profondément comique que le sérieux de Charles, servant à table, la serviette sous le bras. Il ne s'est pas démenti un seul instant. Une seule fois cependant je m'aperçus que ses yeux voulaient me faire remarquer quelque chose ; mais, ne pouvant comprendre de quoi il s'agissait, et craignant qu'on ne s'aperçût de ses signaux, je ne tournai plus les yeux de son côté. Alors, par une manœuvre habile, il saisit un moment où je manquais de pain pour m'en apporter sur une assiette, et il me dit :

— Ah ! monsieur a laissé tomber de la salade sur *son* pantalon *gris de perle*.

Jamais on ne pourrait rendre les impayables inflexions de la voix de Charles en prononçant ces paroles. Tout ce qu'il y avait de mystère, de sarcasme, de mépris, de reproche, d'amertume, de menace, dans *son;* son pantalon ! qui n'est pas à lui, qui est à moi, que je lui prête, qui est mon pantalon à effet, qu'il me salit, qu'il me détruit, dont j'ai envie de faire la réclamation devant tout le monde, *son* pantalon que je ne lui prêterai plus !

Et que de choses aussi dans la manière dont il prononça le *gris de perle !* si explétif pour des esprits vulgaires, si inutile à la phrase. « Gris de perle ! » c'est-à-dire un pantalon si bien fait, d'un si beau drap, d'une si belle nuance, qui à la fois dessine les jambes et les exagère ; un pantalon qui tombe si bien sur la botte, mon plus beau et presque mon seul ! Un pantalon de 55 francs ! Un pantalon que je n'ai pas encore payé à mon tailleur, ce qui rend si difficile de le remplacer ! « Gris de perle ! » une nuance si charmante, si *avantageuse,* si *susceptible,* si fugitive, que je n'ai conservée qu'au prix de mille peines et de cent mille précautions ; un pantalon que je ne mettais presque jamais, taché en un seul jour, par un autre que moi, et avec de la salade !

Sa voix était si expressive, que je crus entendre exprimer tout haut les idées qu'il éveillait dans mon esprit, et je fus un moment mortellement embarrassé ; mais je ne tardai pas à m'apercevoir que personne n'avait remarqué l'avertissement de mon *valet*. Le dîner dura jusqu'à six heures moins un quart : ce n'est pas trop pour un dîner de province. On passa au jardin. Je voulus monter sur une balançoire; mais Charles, que j'étais bien loin de croire derrière moi, me dit :

— Le pantalon de monsieur est très-étroit, monsieur va nécessairement le faire éclater.

Cette fois, je voulus rendre à mon valet un peu des humiliations qu'il me faisait subir, et je dis à mon oncle :

— Mon oncle, si vous voulez faire plaisir à Charles, vous n'avez qu'à lui faire arroser votre jardin; ce garçon a l'amour du jardinage à un degré peu commun; à Paris, mes fenêtres sont encombrées de pots d'œillets et de géranium.

— Cela me convient d'autant mieux, répliqua mon oncle, que la sécheresse est extrême.

—Monsieur, reprit Charles, il va y avoir de l'orage, je le sens à des douleurs atroces que me cause mon rhumatisme. Il serait tout à fait inutile de jeter quelques arrosoirs sur une terre qui sera inondée dans quelques heures.

— Voyons le baromètre ! dit mon oncle.

On alla consulter dans une salle basse le baromètre, dont effectivement l'aiguille était immobile entre *grande pluie* et *tempête*. Je regardai le ciel : il n'y avait pas un nuage ; le vent soufflait de l'est ; il est clair que le baromètre déraisonne ou qu'il s'entend avec Charles.

Le soir, retiré dans ma chambre, j'étais déshabillé, j'allais fermer ma fenêtre, quand une apparition se leva devant moi : c'était un homme qui, du jardin, s'efforçait, au moyen des treillages, d'arriver jusqu'à ma fenêtre.

— Qui est là ? m'écriai-je.

— Charles, répondit-on à voix basse.

— Comment ! encore toi ?

— Et qui attendais-tu donc? Jette-moi une corde.

— Où veux-tu que j'en prenne?

— Eh bien, noue tes serviettes.

J'obéis. Trois serviettes, nouées l'une au bout de l'autre, descendent presque jusqu'en bas, et je ne tarde pas à remonter un panier fort pesant, presque immédiatement suivi de Charles, qui, débarrassé de son fardeau, monte facilement après le treillage.

— Ah çà! pourquoi ne viens-tu pas par la porte?

— Parce que j'avais caché ceci dans le jardin, et qu'il a fallu moi-même m'y laisser enfermer.

— Je n'ai pas faim.

— Je le crois bien : mais, moi, ce n'est pas la même chose. Tu vas me servir à ton tour : mets le couvert, tu trouveras tout ce qu'il te faut dans le panier.

Charles me laisse faire et mange, ne s'interrompant que pour me dire de temps en temps :

— Une assiette... A boire... Du pain. — Sais-tu que tu as voulu me jouer un vilain tour, avec ton maudit jardin à arroser ? Mais tu m'en avais parlé le matin, et je ne me suis pas laissé surprendre.

— Ne vas-tu pas te faire un grand mérite de ce qu'un mauvais baromètre s'amuse d'annoncer une pluie impossible ?

— Je m'en fais d'autant plus un mérite que tu en es dupe toi-même. Je te promets que le baromètre annoncera de la pluie tant que je serai ici. Avec deux clous d'épingle, je m'en suis fait un esclave obéissant. A boire ! du vin de Champagne !

Quand Charles eut fini de souper, il me dit :

— Maintenant, nous allons faire du punch.

— Avec quoi?

— Avec du rhum.

— Tu avais dans ton panier une bouteille de vin de Bordeaux et une bouteille de vin de Champagne, et il n'en reste rien.

— Cherche dans l'armoire.

En effet, je trouvai dans l'armoire un bol, une cueiller à punch, une bouteille de rhum et un citron.

— J'ai dit aux domestiques que monsieur avait l'habitude de boire la nuit quelquefois un verre de punch qu'il se plaisait à faire lui-même, et qu'il fallait mettre dans sa chambre tous les ingrédients nécessaires.

— Jamais tu n'as fait une plaisanterie plus malheureuse et de plus mauvais goût ; elle sera sans aucun doute répétée à mon oncle, et Dieu sait le charmant effet qui en résultera : c'est assez pour me faire manquer le but de mon voyage.

— Allons donc! tu fais là un punch de petites filles; il faudra que je le fasse moi-même. Mon Dieu! que les *maîtres* sont bêtes et maladroits! que nous sommes donc heureux de ne pas les avoir pour domestiques! Sais-tu que ta cousine est très-bien?

— Elle n'est pas mal; est-ce qu'il ne te semble rien à ce sujet?

— Non.

— Je crains que mon oncle ne veuille me la faire épouser. Les *gens* n'en disent rien?

— Loin de là; elle est promise, ou à peu près, à ce jeune homme qui était à table à côté de toi. Je ne sais pourquoi ce gaillard-là m'a déplu; aussi je me suis chargé de le servir, et je ne l'ai pas laissé boire une seule fois sans lui offrir de l'eau qu'il n'a pas osé refuser.

Pendant ce temps, Charles remuait le punch en le faisant brûler; puis il se mit à en boire sans relâche, et il ne tarda pas à me sembler qu'il y avait moins de lucidité dans ses idées et moins de précision dans sa parole.

— C'est, dis-je à Charles, que mon oncle m'a parlé d'un mariage avec la fille du plus ancien ami de mon père, d'un mariage que mon père lui avait recommandé avant de mourir.

— Je m'oppose au mariage et je refuse positivement mon consentement.

— Oui-da !

— J'aime ta cousine, et le faquin qui s'aviserait de se présenter aurait affaire à moi. Ce petit drôle dont je te parlais tout à l'heure lorgnait une superbe poularde depuis le commencement du dîner; mais, quand elle fut découpée, je fis le tour de la table en commençant par son voisin de gauche et je m'arrêtai à son voisin de droite, sans voir aucun des signes qu'il me faisait. Je ne sais quel maladroit lui a donné un verre de vin de Champagne, mais il n'a eu que celui-là. Ah! que ta cousine est donc belle, Fernand! je t'en prie, accorde-moi sa main.

Il n'y avait plus de punch, et Charles, dont l'exaltation était au plus haut degré, se jeta à mes genoux, les embrassa, récita des vers et finit par s'endormir profondément sur un tapis. Il était jour quand je réussis à le réveiller.

Depuis ce moment, j'envoie chaque jour Charles chercher à la ville des lettres que je n'attends pas. Il se promène, il pêche et n'a que peu de service à faire dans la maison de mon oncle. Tout le monde a repris ses habitudes, et on ne fait plus la moindre attention à moi. Cependant, mon oncle et ma tante ont deux ou trois fois quitté brusquement leur conversation au moment où j'arrivais près d'eux. J'attends qu'on me reparle du fameux mariage; mais, à la première occasion favorable, je tente le coup de main sur l'oncle, et, en cas de succès, tu nous verras immédiatement revenir à Paris avec des capitaux, dont la nécessité se fait depuis si longtemps sentir.

FERNAND.

III

Accès bucoliques.

FERNAND A PROSPER.

Dans les premiers jours que l'on passe à la campagne, on est étourdi de l'absence du bruit, à peu près comme un voyageur endormi se réveille quand la voiture s'arrête. Mais on ne tarde pas à se trouver bien de ce calme et à comprendre que l'homme n'est réellement pas fait pour cette bruyante et inutile agitation des villes. Il y a un propos très-commun et dont je n'ai jamais bien compris le sens : *Il faut bien faire quelque chose.* Il y a eu des rois qui se livraient à la cuisine, d'autres qui faisaient de la serrurerie; des hommes parfaitement riches et indépendants usent leur vie à devenir et à être pairs, ambassadeurs, ou je ne sais quoi, « parce qu'il faut bien faire quelque chose; » comme si ce n'était pas une belle, grande et noble occupation que de penser, de se livrer à la contemplation des merveilles de la nature, de lire, de peindre, de chasser, de pêcher, de monter à cheval, de nager, en un mot, *de ne rien faire,* car c'est le nom que les imbéciles donnent à la laborieuse oisiveté d'un homme livré à la pensée et à la méditation.

Le travail est une sorte de dieu infernal auquel il semble qu'on doive donner la dîme de sa vie. Beaucoup sont si pauvrement organisés, qu'ils ne jouissent d'aucune chose qu'après en avoir été longtemps privés. Pour moi, j'ai quelquefois passé des demi-journées, les yeux attachés sur un petit étang placé derrière la maison de mon oncle, à regarder sous les nénufars jaunes, sous les sagittaires, glisser silencieusement des troupes de poissons qui font briller alternativement, aux rayons qui se brisent dans l'eau, leur ventre d'opale et leur dos d'émeraude ; et les hydrophiles qui tournoient et s'enfoncent, et les libellules au corps grêle, bleu ou vert, jaune ou rouge, soutenu sur des ailes de gaze, voltigeant sur les pointes des roseaux.

Une de mes joies du matin est d'aller, dès que le jour s'annonce, ouvrir moi-même la porte du pigeonnier, que l'on ferme le soir par crainte des fouines et des belettes. Les pigeons, déjà accoutumés à moi, qui me suis chargé de leur déjeuner, viennent à ma voix et à mon aspect. Il y en a un surtout qui m'honore de la plus aimable familiarité : il est blanc comme un cygne, et vient poser ses petites pattes roses sur mon épaule, d'où il s'amuse à fourrer son bec entre mes lèvres. Les autres sont parés des plus riches couleurs : il y en a de gris, dont le cou paraît du plus beau vert. Le moindre mouvement fait remplacer la couleur verte par des tons bleu foncé qu'un autre mouvement change en violet.

Le pigeonnier est adossé à un bâtiment qui sert de grange. Jamais je n'avais pensé à une chose bien simple cependant : c'est que les arts ne sont qu'une imitation toujours imparfaite, même dans leurs plus nobles efforts, des choses que la nature étale avec tant de luxe et de somptuosité. Ce bâtiment est entouré de pieds de vigne dont le bois sarmenteux, d'espace en espace, s'élève en colonnes torses à une hauteur de huit à neuf pieds ; là, il s'étend en branches flexibles et tapisse le bâtiment d'une guirlandes de feuilles.

Certes, si, dans une église ou dans un monument, un habile sculpteur avait imité, avec la pierre ou le bois, cet ornement naturel, on se ferait un devoir d'aller visiter ce chef-d'œuvre de l'art, et il aurait une valeur qui compenserait à peine sept ou huit lieues de vigne réelle. Cependant le sculpteur n'aurait fait qu'un effort infructueux pour faire de la vigne ; il n'aurait réussi qu'à rendre à peu près la forme. Il n'aurait même pas osé essayer d'y joindre la couleur, ni cette fine étoffe des feuilles, dont les veines servent de canaux à la séve qui les parcourt comme le sang, et qui prendront, au mois de septembre, une teinte de topaze qui sera remplacée, au mois d'octobre, par les tons les plus magnifiques du rubis et de l'améthyste.

Il y a, à Paris, au musée des Antiques, une coupe d'un grand prix, quoique la matière soit un simple morceau de marbre blanc. Sur les bords de la coupe, deux colombes, également de marbre blanc, plongent leur bec dans l'eau qu'elle est censée contenir. J'ai admiré cette coupe avec tout le monde ; mais je t'assure que je trouve mille fois plus beau le vase où, à chaque instant, deux pigeons viennent prendre la pose qu'a imitée le sculpteur.

Je ne peux trop m'expliquer comment les gens les plus enthousiastes des arts restent froids devant les merveilles que l'art ne copie que de loin.

Quand mes pigeons ont déjeuné, ils prennent leur volée, et je les regarde longtemps jouer dans les plaines bleues. Quelquefois ils font une course et partent tous sur la même ligne. De temps en temps, ils agitent leurs ailes, puis ils les étendent et se laissent glisser. La course finie, le vainqueur se met à la tête de diverses manœuvres : on se range trois par trois, quatre par quatre, puis tous un à un, et sur une seule file ; ils ont l'air si heureux, qu'on leur porte envie et qu'on craint d'être méprisé par eux.

Il y a une sorte de petite rivière qui vient alimenter l'étang. Je me suis avisé hier de la remonter sur une de ses rives : elle a dix pieds de largeur et tout au plus deux pieds de profondeur; elle coule claire et limpide sur un fond de sable, entre deux rives de gazon ; des saules et des aunes qui la bordent enlacent leur feuillage par-dessus et couvrent l'eau d'un réseau d'ombre et de soleil. Par places, des touffes d'iris s'élèvent dans le lit du ruisseau. Au pied des saules, des ronces jettent d'un arbre à l'autre leurs rameaux et leurs feuilles d'un vert sombre, avec des fleurs d'un blanc rosé.

La reine des prés s'élance droite et svelte, et balance ses thyrses, semblables à des bouquets de mariée.

Le liseron blanc grimpe et serpente, étend ses guirlandes d'un riche feuillage parsemé de grandes cloches.

Des bergeronnettes se cachent dans les saules, où elles fond leur nid.

Hier, la matinée était ravissante. En sortant de la maison, je vis les fleurs bleues de la chicorée sauvage couvertes d'une rosée étincelante. Des chênes faisaient briller, au soleil levant, leurs jeunes pousses d'un rouge transparent; les genêts, dépouillés de fleurs, les avaient remplacées par des gousses, les unes vertes, les autres déjà presque noires ; de grands *bouillons blancs,* du sein d'une touffe de larges feuilles d'un vert cendré, élevaient une haute tige surmontée d'un thyrse de fleurs jaunes.

Quand j'approchai de l'étang, j'entendis les grenouilles, effrayées à chacun de mes pas, quitter la terre et l'herbe pour s'élancer dans l'eau.

Je remontai encore le long de la petite rivière et je m'assis dans un endroit où l'on entendait le bruit d'un moulin qu'elle fait mouvoir. J'étais immobile, et je pensais, et je regardais couler l'eau. Je ne tardai pas à être tiré de ma rêverie par des voix de femmes. Elles étaient deux, montées sur des ânes. La première traversa bravement le fleuve à dix pas de moi ; mais la seconde eut peur, et, au moment où sa monture mettait le premier pied dans l'eau en hésitant, elle se laissa glisser à terre, et l'âne passa tout seul. Les rires de la première en augmentèrent singulièrement.

— Eh bien, mademoiselle, comment allez-vous faire maintenant?

— Je n'en sais vraiment rien, Marguerite.

— Écoutez, je vais faire repasser votre âne de votre côté, et vous remonterez dessus.

— Je n'oserai jamais, je suis sûre que je tomberais.

— Mais vous ne vous noierez pas, l'eau n'est pas profonde.

— Je crois bien que je ne me noierai pas; mais comment m'en irai-je toute mouillée?

— Vous ne tomberez pas plus que vous n'êtes tombée depuis plus d'une heure que nous voyageons.

— Attends, Marguerite, j'ai un moyen.

Il y eut quelques instants de silence dont je profitai pour m'approcher. Quand j'arrivai près de la peureuse, elle était debout sur le sable, tenant dans ses mains des bas blancs comme la neige, et de petits souliers de maroquin d'un bleu foncé. Elle était si préocccupée de sa résolution, qu'elle ne m'aperçut pas, et avança un de ses petits pieds, qu'elle posa sur le sable recouvert de quelques pouces d'eau. Je ne distinguai guère son visage ; elle était un peu inclinée pour interroger, avant de poser le pied, le fond de ce gouffre de trente pouces. Les boucles de ses cheveux châtains retombant en avant me cachaient presque entièrement son profil. Je ne voyais que son menton et une partie de sa nuque, dont les cheveux étaient admirablement plantés.

Tout à coup elle se redressa et tourna de mon côté un visage inquiet. Je ne sais quel frôlement de feuilles l'avait avertie de ma présence. Ce visage était si plein de grâce et de dignité, que je me sentis le cœur serré. Je la saluai légèrement et je quittai le bord de la rivière. Je ne tardai pas à entendre de nouveau la voix de Marguerite et le pas des ânes qui s'éloignaient. Sitôt que je cessai de les entendre, je revins comme malgré moi à la place où je l'avais vue. Je voyais le sable sur lequel elle avait posé ses pieds nus, et je croyais en voir l'empreinte sur ce sable. Je m'assis en cet endroit, et je songeai à elle. J'avais encore dans la tête le timbre harmonieux de sa voix.

Comme je rêvais ainsi, mes yeux furent frappés agréablement de l'aspect d'un ruban oublié dans l'herbe : c'était un ruban en soie blanche, élégant et frais au possible. Je le ramassai, et, franchissant d'un bond la rivière, je m'élançai sur les traces de celle qui l'avait perdu. Ma probité était accrue au delà de ses limites ordinaires par le désir de la revoir, de lui parler, de ne plus être tout à fait pour elle un inconnu. Elles avaient beaucoup d'avance sur moi, et je marchai longtemps sans les rejoindre. Enfin j'arrivai comme Marguerite descendait de son destrier à la porte d'une ferme d'assez belle apparence. Sa compagne sauta légèrement à bas du sien ; mais l'animal, au lieu de suivre, comme son compagnon, le chemin de l'écurie, prit le trot avec cet air singulièrement boudeur qui n'appartient qu'aux ânes, et, sourd à la voix de Marguerite, qui le rappelait, tantôt avec des épithètes flatteuses, tantôt avec de terribles menaces, il continua à fuir et vint étourdiment se jeter sur moi. Je le saisis à la bride et le ramenai. A mon aspect, la compagne de Marguerite rougit presque aussi fort que lorsqu'elle m'avait aperçu pour la première fois. J'en augurai qu'elle me reconnaissait et qu'elle avait remarqué la discrétion de bonne compagnie avec laquelle je m'étais retiré pour ne pas prolonger son embarras. Elle répondit à mon salut en s'inclinant légèrement, et, moi, je n'osai plus lui rendre son ruban.

La pensée du trouble que lui donnerait une telle restitution me troubla un peu moi-même ; d'ailleurs, je n'avais plus besoin de ma probité pour la revoir, et je ne me sentis pas fâché de garder le ruban.

Marguerite était rentrée ; sa compagne s'inclina de nouveau et rentra également. Je restai là quelques instants comme fasciné, ou plutôt pétrifié. Je crus m'apercevoir qu'un rideau d'une fenêtre du premier étage avait un peu dérangé ses plis, et je partis, espérant que je n'étais pas étranger à ce mouvement clandestin du rideau.

Le lendemain, je retournai à la rivière ; je replaçai le ruban blanc dans l'herbe où je l'avais trouvé, pour bien renouveler toutes mes impressions de la veille. Le courant avait amoncelé quelques cailloux sur le sable où elle avait, la veille, posé ses pieds. Je pensai qu'ils auraient pu la blesser, et je les ôtai. Puis je repris le ruban et j'allai revoir la ferme. *Elle* était à la fenêtre, je la saluai, et elle me rendit mon salut avec une grâce ineffable.

A ce moment, un homme entra dans la ferme : c'était un jeune homme habillé avec prétention. Je sentis que j'étais son ennemi.

FERNAND.

IV

Les parents barbares.

Hortense était fille d'un ancien militaire qui l'avait fait élever dans un pensionnat de Paris, où elle avait appris, avec la musique et le dessin, le plus profond mépris de la couture et du pot-au-feu. Aussi, quand elle revint chez son père, après son éducation terminée, elle se sentit toute triste et désorientée en voyant dans ses parents d'excellentes gens parfaitement vulgaires. La mère ne savait rien au-dessus des soins du ménage, et mettait son point d'honneur à faire chaque année les meilleures confitures qui se mangeassent dans la ville. Le père cultivait un petit carré de jardin placé derrière la maison, et le soir jouait *à la triomphe* avec deux ou trois voisins, anciens soldats comme lui, qui venaient fumer et boire de la bière. Le dimanche, on allait à la messe le matin, puis on faisait le soir un tour de promenade sur le Cours, tandis que les ouvrières et les paysannes dansaient.

En quittant le pensionnat, Hortense et son amie intime, Laure Lemault, s'étaient juré de s'écrire. Voici la première lettre de Laure :

LAURE LEMAULT A HORTENSE.

Te rappelles-tu, ma chère Hortense, ces nuits presque entièrement passées à causer ensemble de l'avenir, et à nous raconter les rêves de nos jeunes têtes? Eh bien, pour moi, ces rêves se sont réalisés dans toute leur magnificence. Je vis dans ce pays de féerie dont nous parlaient ces romans que nous lisions ensemble, et qui nous faisaient verser tant de larmes. Pour la première fois on m'a menée au bal, il y a une semaine, et je suis encore tout étourdie d'étonnement, d'admiration, de bonheur, et, je puis te le dire à toi, d'un indicible orgueil.

» Oh! ma chère Hortense, que sont devenues nos robes de soie puce montant jusqu'au cou, et nos souliers de cuir, et nos cheveux noués derrière la tête, et les reproches de notre maîtresse *Fanquette Devant?* Lorsque nous avions trouvé moyen, par un bout de ruban ou un petit accroche-cœur tourné sur la tempe, de ne pas ressembler tout à fait aux plus laides de nos compagnes, avec quelle voix et quelles expressions la bonne

Fanquette nous faisait un crime de *notre coquetterie!* J'ai bien pensé à elle quand je me suis vue dans ma toilette de bal ; elle serait morte d'étonnement et d'indignation.

» J'étais un peu embarrassée en voyant tous les regards fixés sur moi au moment où on nous annonça dans le salon ; mais je ne sais quel murmure presque insensible m'avertit que cette attention n'avait rien de désobligeant pour moi. La maîtresse de la maison nous fit asseoir auprès d'elle, et m'adressa les compliments les plus exagérés. Bientôt cependant un nouveau *lion* vint m'enlever les regards du salon : on annonça le comte Édouard de M... Si tu te le rappelles, nous n'avions jamais vu qu'un seul comte pendant notre séjour à la pension : c'était le père de cette grande Léocadie qui avait des cheveux rouges. La figure de ce vieillard, vêtu d'une douillette de soie violette, m'était toujours restée dans la tête, et je ne me figurais pas qu'un comte pût être jamais fait d'une autre manière. Aussi je fus stupéfaite en voyant dans le comte de M... un beau jeune homme, avec des cheveux noirs bouclés et de grands yeux dont on ne pouvait soutenir l'éclat.

» Les femmes qui m'entouraient jetaient les yeux, les unes sur leurs toilettes, les autres sur une des glaces du salon. Tout le monde voulait être sous les armes : le comte était une conquête importante. Après avoir salué la maîtresse de la maison et quelques femmes de sa connaissance, il alla s'adosser à la cheminée, et fut aussitôt abordé par tous les jeunes gens qui se trouvaient dans le salon, et qui semblaient fiers et heureux de le connaître. Je ne saurais te peindre l'élégance de sa mise et de sa tournure, parce que je ne sais en quoi cela consiste ; rien n'est plus simple et plus abandonné comme au hasard : cependant son habit, qu'il ne boutonne pas, lui prend mieux la taille que ceux de tous ces hommes sanglés à en devenir violets. Sa cravate, dont le nœud est si peu compliqué, qu'on jurerait qu'il l'a mise sans glace, a une grâce que personne autre ne peut atteindre.

» Depuis l'entrée du *héros*, il n'y avait plus d'abandon ni de naturel chez aucune femme. L'une parlait haut pour se faire remarquer, et ce qu'elle disait était destiné à être entendu, non de la personne à qui elle parlait, mais du comte Édouard de M...

» L'autre s'éloignait de sa voisine, dont la robe jaune lui nuisait. Chacune essayait ses mines les plus victorieuses, ses attitudes les plus invincibles. Quelques mesures jouées sur le piano avertirent que l'on allait danser après que les plateaux qu'on apportait chargés de glaces et de gâteaux seraient sortis. Le comte jeta alors un coup d'œil autour du salon ; plusieurs femmes invitées d'avance pour cette première contredanse reçurent un peu mal les hommes qui venaient leur rappeler leur promesse. Qui le comte va-t-il engager ? Je ne pense pas que ce soit moi. Toutes ces femmes si aisées, si fardées, si décolletées, qui parlent, qui rient, doivent nécessairement l'emporter sur moi ; mais je me sens déjà une provision de mauvaise humeur contre celle qui sera choisie. Cette grande femme dont la démarche est si noble, et qui est coiffée d'un turban de cachemire blanc, est, selon moi, la plus belle ; mais elle danse, je le sais, avec le maître de la maison.

» La maîtresse de la maison parle bas à son fils ;

le jeune homme me regarde, il vient de notre côté ; pourvu qu'il ne m'engage pas à danser ! Heureusement, on l'arrête en route ; un de ses amis lui parle.

» Pendant ce temps, le comte de M.... se fait présenter à ma mère par notre hôte. D'autre part, le jeune homme délivré poursuit sa route. Plus de doute, c'est à moi qu'il en veut. Le voici : il me demande si je veux lui faire l'honneur de danser avec lui. Maudit homme ! j'ai failli dire que je ne dansais pas. Le comte, qui, après avoir quitté ma mère, a fait le tour du salon, revient vers nous et me dit : « Voulez-vous, mademoi-
» selle, me faire l'honneur de danser avec moi?»

» Je rougis, je balbutie que je suis engagée. Il me salue et s'éloigne. Je suis confuse, fière et malheureuse ; je hais ce jeune homme, qui m'a engagée... Je hais le comte, qui est venu si tard.

Il avait bien besoin de faire le tour du salon !...
Eh ! oui, il les a toutes regardées avant de venir
à moi. Il m'a *choisie*. Mon Dieu ! que ce qu'il
m'a dit me semble donc gracieux ! « Voulez-vous,
» mademoiselle, me faire l'honneur de danser
» avec moi? » Quelle différence, bon Dieu, avec
ce maudit fils de la maison ! Ah ! qu'est-ce que
m'a dit le fils de la maison ? Il m'a dit : « Voulez-
» vous, mademoiselle, me faire l'honneur de
» danser avec moi ! » Cela se ressemble au premier abord, mais... En place, on danse. Je
cherche le comte des yeux ; avec qui danse-t-il ?
Je hais sa danseuse, et cependant je suis déjà
vengée d'elle, car il ne s'est adressé à elle que
parce qu'il n'a pas pu m'obtenir. Je ne le vois
pas ; je danse nonchalamment. Ah ! le voici.
Il ne danse pas, il est appuyé contre la cheminée
derrière moi. Chaque fois que je ne danse pas, il

touche presque ma robe, tant il est près de moi ; il ne danse pas, cela est d'un goût exquis. En effet, je l'ai fait remarquer à ma mère : quand un homme a invité une femme qui ne peut accepter à cause d'une invitation antérieure, il s'adresse à une autre et me paraît faire une impertinence aux deux femmes. A la première, cela veut dire : « Je m'adressais à vous par hasard, sans choix,
» sans préférence ; je ne danse pas avec vous, eh
» bien, je danserai avec une autre. » A la se-
» conde : « Je vous prends faute de mieux ; si la
» femme que j'ai invitée d'abord était libre, je
» n'aurais jamais pensé à vous ; elle est plus
» jolie, plus élégante, plus spirituelle que vous. »

» Ma mère m'a répondu que cela n'était pas, en effet, d'un goût bien délicat, mais qu'on en agissait toujours ainsi, et que l'habitude empêchait de le remarquer. Je ne vis, en effet, dans toute la soirée, que le comte de M... qui eût ce tact et ce bon goût. Je crains bien qu'il ne m'ait trouvée sotte et niaise, car je n'ai pas dit un mot de toute la contredanse, quoique mon danseur m'ait plusieurs fois adressé la parole ; mais il était si près de moi, il m'aurait entendue, et je n'aurais pas voulu risquer quelque chose qui ne fût à la fois très-spirituel, plein de sensibilité, de noblesse, et cependant de douceur et de modestie : quelque chose qui ne donnât pas en même temps une idée très-avantageuse de mon cœur et de mon esprit. Trois volumes ne contiendraient pas ce que j'aurais voulu renfermer dans mon premier mot. Aussi restai-je muette.

» Après la contredanse, le comte disparut sans prendre congé de personne, et je ne le revis plus. Je n'en dormis pas de la nuit, et je fus toute soucieuse le lendemain. Ce lendemain était hier. Aujourd'hui, je vais encore au bal : peut-être je le verrai.

» Il est évident qu'il m'a remarquée, qu'il a voulu danser avec moi, et que, me trouvant engagée, il n'a voulu danser avec personne. Sans aucun doute, il sera ce soir chez madame de Barny. Cela ne manque jamais dans les romans que nous avons lus. Mais, depuis deux jours, j'ai moins de foi aux romans. Ce qui me paraissait si simple de la part des héros de papier, me semble aujourd'hui bien difficile. Comment saura-t-il que je vais chez madame de Barny? Et, d'ailleurs, la connaît-il? Pourra-t-il, s'il ne la connaît pas, s'y faire présenter?

» J'ai cependant un *pressentiment* qu'il y sera. Quelqu'un aujourd'hui qui est venu voir maman m'a dit : « Allez-vous chez madame de Barny? » Je me suis sentie rougir. S'il n'y est pas, à quoi faudra-t-il croire ? Les héros de roman n'existeront pas, ni les héroïnes non plus, puisque mon pressentiment m'aura trompée.

» J'aurai, du reste, une toilette plus élégante encore et plus riche que l'autre jour ; je t'en ferai la description dans ma première lettre, c'est ravissant.

» Tu vois, chère Hortense, que je te dis tout, même mes plus fugitives impressions. J'espère que tu ne feras pas la discrète et que je ne tarderai pas à recevoir de toi une lettre aussi longue que celle-ci.

» Laure. »

Hortense chercha dans sa tête ce qu'elle pourrait écrire à son amie Laure en échange de sa lettre si intéressante. Elle eut envie d'adord de répondre par un éloge de la compagnie, de la simplicité des mœurs, des plaisirs sans fracas, des scènes imposantes de la nature ; mais t'eût été mal répondre à la franchise de Laure; car Hortense ne pouvait s'empêcher d'envier un peu son amie, et la campagne lui semblait une solitude assez ennuyeuse déjà depuis quelque temps, sans compter que l'on se trouvait dans l'hiver, que la promenade même était supprimée. Qu'aurait-elle dit à Laure ? Fallait il se plaindre et attrister le bonheur de son amie? Elle ne répondit pas. Une seconde lettre de Laure contenait la suite du roman et des descriptions de fêtes enivrantes. Cette correspondance devint importune à Hortense; ces lettres lui apportaient le son des violons et les parfums des bals, et faisaient naître dans son cœur d'amers regrets. En sortant de pension, où elles avaient été élevées sur le pied de la plus grande égalité, les deux jeunes filles croyaient entrer ensemble dans la vie, et déjà elles étaient cruellement séparées. Hortense n'eut pas encore la force de répondre à cette lettre. Que répondre, en effet, à toutes les magnificences dont parlait Laure? Quelle chose pourrait avoir de l'intérêt pour elle, de celles qui se passaient autour d'Hortense?

Il est vrai que le grand figuier du jardin était mort, que le curé avait renvoyé sa servante, que le beurre était plus cher qu'on ne l'avait vu depuis bien des années, que l'on avait annoncé à l'église le mariage de Denise Deschamps avec Mathieu Cornudet. Mais que faisait tout cela à Laure, qui ne connaissait ni les *Deschamps*, ni les *Cornudet*, ni le curé, ni le figuier?

Laure, ne recevant pas de réponse à ses lettres, finit par ne plus écrire, et Hortense resta livrée à une profonde mélancolie. Son père lui annonça un jour qu'il allait la marier. « J'ai eu, lui dit-il, un ami qui est mort loin d'ici. Il n'a appris ta naissance que par mes lettres. Il avait un fils, et nous nous sommes promis de vous marier ensemble. Le jeune homme, qui a quelque bien, travaille à Paris; il doit avoir fini son droit cette année ; nous ferons le mariage immédiatement.»

La pauvre Hortense se sentit froid au cœur. Un mariage convenu d'avance avec un homme qu'elle n'avait jamais vu, un mariage qui n'était pas précédé par une rencontre fortuite, par une impression soudaine, par des obstacles dont triomphent l'amour et la constance, un tel mariage lui semblait le plus grand malheur qui pût lui arriver. Il n'y aurait donc rien dans sa vie de ces merveilleux romans qu'elle avait lus avec

Laure! elle vivrait et elle mourrait comme ces fleurs qui, dans un désert ou sur un pic inaccessible, étalent leurs riches corolles de pourpre ou d'azur que personne ne verra, et exhalent des odeurs que personne ne respirera! Beauté perdue! parfum perdu! Il lui paraissait que cet arrêt de son père lui enlevait toute sa jeunesse et ses brillantes fleurs d'amour, et que, le jour du mariage, elle aurait subitement trente ans.

On ne saurait croire toute l'influence des premières lectures sur certaines organisations, et combien de gens ont eu, d'après *la Nouvelle Héloïse* et *Paul et Virginie*, des passions qui ont fait le destin de toute leur vie. Les filles surtout, qui ont une éducation et des sympathies moins littéraires, mêlent à ces livres, qui, dans leur exaltation même, ont une grandeur et une noblesse qui en sont le contre-poison, une foule de romans de bas étage, tous calqués les uns sur les autres, qui leur remplissent la tête de phrases grotesques, de lieux communs d'amour. Hortense crut ici devoir répondre à son père par des phrases usitées en pareil cas dans les romans vulgaires : *elle était bien jeune encore ; elle mettait tout son bonheur, toutes ses espérances, à rester auprès de ses parents, à soigner, à consoler leur vieillesse.*

Le père répondit que, grâce à Dieu, ni lui ni sa femme n'avaient encore de vieillesse à soigner, et que, lorsqu'il en serait temps, il serait pour eux beaucoup plus consolant de la voir auprès d'eux, heureuse femme et heureuse mère, que vieille fille jaune et acariâtre.

— Mais, mon père, je ne connais pas ce jeune homme, et, s'il ne se trouvait pas entre nous cette sympathie qui est le *lien des âmes*...

— Cela serait malheureux, si tu juges la chose indispensable, parce que, mon ami étant mort, je ne puis le prier de me dégager de ma parole, et qu'il faut la tenir.

— Quoi ! mon père, vous m'obligeriez à un mariage qui... ?

— Ce ne sera pas un mariage qui..., ce sera un mariage très-heureux et parfaitement assorti. Le jeune homme est un fort beau garçon que j'espère t'amener à mon premier voyage à Paris.

Quelques mois après, le père d'Hortense se mit en route pour Paris, et Hortense alla passer le temps de son voyage chez une cousine, mariée depuis quelques années à un riche fermier.

C'est là qu'elle fit la rencontre de Fernand. Elle ne put le voir sans émotion. Depuis un an, elle n'avait aperçu que des paysans ; Fernand lui parut un être d'une nature supérieure à l'humanité. D'ailleurs, elle commençait à voir clair dans sa situation ; le roman allait s'entamer et se dessinait déjà dans l'avenir avec des contours assez nets et assez marqués.

PERSONNAGES :

Un père inflexible sacrifiant sa fille ;

Un futur mari odieux ;

Un jeune homme à cheveux noirs, ami de la nature, rêvant sur le bord des ruisseaux, à l'ombre des saules.

C'était tout ce qu'on pouvait raisonnablement demander, et Hortense commençait son roman dans le genre allemand, comme Laure son roman anglais.

Ainsi, la première matinée qui suivit cette rencontre fut ravissante pour Hortense. Elle se leva de bonne heure et se mit à la fenêtre. Le soleil se levait à l'horizon dans de tièdes vapeurs ;

ses rayons obliques scintillaient à travers les haies de la ferme comme des paillettes d'or, et il lui semblait que le soleil lui disait : « Je te salue, Hortense ; c'est pour toi que je purifie l'air que tu vas respirer ; c'est pour toi, ce matin, que je couvre de pierreries les pointes vertes de l'herbe ; je te salue, tu aimes, tu es la reine du monde ! »

Une fauvette à tête noire sur un châtaignier chanta, et dit : « Je te salue, Hortense ; c'est pour toi, aujourd'hui, que sont nos concerts : c'est une grande fête que le premier sentiment d'amour qui se glisse au cœur d'une jeune fille ; je te salue, tu aimes, tu es la reine du monde ! »

UNE CAMPANULE *dans l'herbe.* — Je te salue, Hortense ; c'est pour toi que j'ouvre ce matin mes corolles de saphir ; c'est pour réjouir tes yeux plus bleus que mes fleurs, que les pâquerettes étoilent la prairie de leur petit disque d'or et de leurs rayons d'argent. Tu aimes, tu es la reine du monde !

LA CLÉMATITE. — Je te salue, Hortense ; c'est pour toi que j'embaume l'air de mes parfums pénétrants ; c'est vers toi que je tourne mes encensoirs d'argent. Tu aimes, tu es la reine du monde !

LE CHATAIGNIER. — Je te salue, Hortense ; j'étends sur toi mes larges éventails verts ; il y a cent ans qu'on m'a planté, cent ans que je résiste aux vents pour t'abriter aujourd'hui contre les âpres baisers du soleil. Tu aimes, tu es la reine du monde !

LE VENT DANS LES FEUILLES. — Je te salue, Hortense ; c'est pour toi, aujourd'hui, que seront mes plus suaves et mes plus mystérieuses harmonies, pour toi qui seule les comprendras. Pour les autres, je dénouerai des cheveux, je ferai crier aigrement une girouette; mais pour toi, je te dirai les plus doux secrets de l'amour et j'enlèverai la poussière du chemin par où il doit venir, et je t'apporterai la chanson qu'il chante en pensant à toi. Tu aimes, tu es la reine du monde!

Il restait à savoir comment Fernand s'introduirait dans la maison.

V

Dans l'ordre ordinaire des lectures d'Hortense elle devait être attaquée par des brigands ou emportée par un cheval fougueux et sauvée par un inconnu. Mais cela ne pouvait guère avoir lieu dans des promenades à âne à travers un pays où on n'avait pas commis un seul vol depuis dix ans. Probablement Fernand, de son côté, attendait aussi cette occasion, car il se contentait de passer chaque matin sous la fenêtre d'Hortense et de lui faire un profond salut. Cependant, un jour, un monsieur vint à la ferme pour acheter de l'orge, et ce monsieur n'était autre que

Fernand, qui s'était fait donner cette commission par son oncle. Le marché conclu, on invita Fernand à dîner à la ferme. Aussi bien, c'était un grand dîner; la fermière, la cousine d'Hortense, relevait de couches, on avait invité plusieurs de ses amies, trois ou quatre fermiers des environs, et on *espérait* avoir M. le percepteur, un homme si spirituel, qui ne disait jamais rien comme tout le monde.

Hortense fut si charmée de voir arriver le beau jeune homme, qu'elle ne fit pas trop d'attention à la vulgarité du moyen. Elle s'occupa sérieusement de sa toilette jusqu'à l'heure du dîner. La toilette était la tenue consacrée pour les héroïnes de roman : la robe blanche et les cheveux en bandeau, parure fort agréable, du reste, et sur laquelle je ne risque pas la moindre plaisanterie; en cela comme en beaucoup de choses, les romans valent bien la vie : peut-être même serait-il souvent plus agréable de lire que de vivre. Hortense était vraiment une charmante fille, grande, svelte sans être grêle, remplie de grâces dans sa démarche et dans tous ses mouvements : ses grands yeux bleus étaient doucement voilés, et ses beaux cheveux châtains, fins et soyeux, étaient harmonieusement caressés par la lumière.

On attendit longtemps M. le percepteur, qui finit par arriver, magnifiquement vêtu d'un habit bleu barbeau à boutons dorés, d'un pantalon nankin et d'un gilet broché d'or. Plusieurs épingles de diamants, trop gros pour n'avoir pas été pris dans un bouchon de carafe, attachaient sa chemise; diverses chaînes se croisaient sur son gilet, et un brillant encore plus gros que les autres aurait scintillé à son petit doigt s'il eût scintillé. C'était un grand jeune homme mince, d'un blond fade, avec des moustaches rousses qu'il teignait en noir, guindé et prétentieux jusque dans ses moindres mouvements. Il salua la fermière en l'appelant « belle dame » et offrit à Hortense un bouquet qu'il avait apporté dans la coiffe de son chapeau. Fernand reconnut le *monsieur* qu'il avait vu entrer à la ferme. Hortense remercia le percepteur de son aimable attention, et mit le bouquet sur la cheminée sans s'en occuper d'avantage.

— Je vous demande pardon de vous avoir fait attendre, dit le percepteur, mais j'ai été obligé de venir très-lentement; j'ai un soulier qui me blesse; je suis réellement le plus mal chaussé des Français, qui tous le sont ou doivent l'être aujourd'hui on ne peut mieux, depuis qu'on a pris aux Algériens la *case aux bas.*

Le percepteur fit suivre ce mot d'un éclat de rire sec et grêle qui donna le signal de l'hilarité et de l'admiration. Fernand sourit modérément.

On se mit à table. Le percepteur fut placé à la droite de la maîtresse de la maison, et Fernand à gauche ; mais, heureux Fernand ! il avait Hortense de l'autre côté !

— Je vous disais donc, continua le percepteur, que j'ai des souliers *seize*.

Tout le monde tourne les yeux vers lui en attendant la solution de cette énigme.

— Si vous aimez mieux, et ce sera plus juste, des souliers *vingt-cinq*. Vous ne comprenez pas? Des souliers *seize*, c'est-à-dire *treize et trois*, des souliers *vingt-cinq*, c'est-à-dire *neuf, treize et trois*.

On servit le potage ; plusieurs des convives arrètèrent leur cuiller à la moitié du chemin qu'elle faisait de leur assiette à la bouche pour dire :

— Oui, oui, c'est juste; *des souliers neufs très-étroits.* Ah! ah! ah! hi! hi! hi!

FERNAND, *froidement à Hortense.* — Ce monsieur est fort gai.

LE PERCEPTEUR. — Marguerite, donnez-moi du pain. Qu'est-ce que dit le pain quand on le coupe ?

Cette fois, on mangeait comme on mange à la campagne au commencement d'un dîner. On n'entendit pas la question du percepteur. Il devint très-rouge et se mit à manger comme les autres.

Cependant il ne put se contenir bien longtemps et dit pendant qu'on enlevait les assiettes à potage :

— Voilà une excellente soupe ; je suis sûr que

personne ne saurait en faire une semblable avec un *brick*.

LA MAITRESSE DE MAISON, MADAME SORIN.— Non, vraiment !

LE PERCEPTEUR, M. QUANTIN. — Vous prenez le navire au moment où il *échoue*. Marguerite, donnez-moi du pain. Qu'est-ce que dit le pain quand on le coupe ?

On trinquait ; le bruit des verres et des voix des fermiers couvrit entièrement le fausset qui servait de voix à M. Quantin. Marguerite seule l'entendit et lui apporta un morceau de pain.

FERNAND, *à Hortense*. — Il aura de la peine à placer celui-là.

HORTENSE. — Il n'y renoncera pas.

FERNAND. — C'est ce que nous allons voir.

MADAME SORIN. — Le rôti est un peu dur.

UN CONVIVE INDULGENT. — Mais non ; il est d'un goût parfait.

M. QUANTIN. — Je ne lui trouve qu'un défaut, c'est que c'est un rôti *à poil*.

LE CONVIVE INDULGENT. — Comment cela?

MADAME SORIN. — Je ne connais pas celui-là.

FERNAND, *à Hortense*. — Elle connaît donc les autres?

HORTENSE. — Certainement! moi aussi; c'est la vingtième fois qu'il les recommence.

M. QUANTIN. — Qu'est-ce que c'est que monter un cheval *à poil?*

LE CONVIVE INDULGENT.—C'est monter *sans selle*.

M. QUANTIN. — Eh bien, un rôti *à poil*, c'est un rôti *sans sel*. Marguerite, donnez-moi du pain. Qu'est-ce que...?

FERNAND. — Pardon, monsieur, vous en avez encore.

M. QUANTIN. — Monsieur, je vous remercie.

HORTENSE, *à Fernand*. — Vous êtes méchant!

FERNAND. — Nullement. Ce monsieur a pour profession d'amuser; il doit m'amuser à ma guise, et il m'amusera.

Ici, on parla du prix de l'orge, d'un arrêté de M. le maire, qui fut attaqué par les uns et défendu par les autres; cela allait bien mieux sous l'empereur; un vieux soldat porte la santé de l'empereur; on raconte plusieurs anecdotes.

HORTENSE, *à Fernand*. — M. Quantin va placer son calembour sur l'empereur.

FERNAND. — Tenez-vous à l'entendre?

HORTENSE. — Pourquoi me demandez-vous cela?

FERNAND. — C'est que, si vous y teniez, je ne vous en voudrais pas priver.

HORTENSE. — Je l'ai entendu une trentaine de fois.

FERNAND. — Alors, c'est bien.

M. QUANTIN. — Savez-vous pourquoi Napoléon a été vaincu?

FERNAND. — Monsieur, Napoléon n'a jamais été vaincu.

LE VIEUX SOLDAT. — Bravo!

UN AUTRE. — Bien répondu!

M. QUANTIN. — Cependant, monsieur, l'histoire est là.

FERNAND. — Oui, monsieur, elle est là, et précisément pour appuyer ce que j'avance.

M. QUANTIN. — Oh! oh! oh!

FERNAND. — L'empereur n'a jamais été vaincu; il a été trahi.

LE VIEUX SOLDAT. — Bravo! bravo! bravo! bravo!

FERNAND. — Et tout homme ami des gloires de la France est forcé d'être de mon avis.

LE VIEUX SOLDAT. — Et celui qui dirait le contraire aurait affaire à moi.

M. SORIN. — Vive l'empereur!

M. QUANTIN. — Je suis parfaitement de votre avis.

FERNAND. — J'en étais sûr.

M. QUANTIN. — Et ce que je voulais dire en est la preuve.

LE VIEUX SOLDAT. — Voyons!

M. QUANTIN. — Je vous demandais : pourquoi Napoléon a-t-il été vaincu?

FERNAND. — Je vous répète, monsieur, que Napoléon n'a jamais été vaincu.

TOUS. — Napoléon n'a jamais été vaincu.

M. SORIN. — Vive l'empereur!

TOUS. — Vive l'empereur!

M. QUANTIN. — Mais laissez-moi finir, et vous verrez que nous sommes d'accord.

FERNAND. — Non, monsieur.

LE VIEUX SOLDAT. — Non! non! non!

FERNAND. — Je ne puis laisser passer une semblable assertion.

M. QUANTIN. — Mais, monsieur...

FERNAND. — Monsieur...

MADAME SORIN. — Ah! ah! messieurs...

M. SORIN. — Messieurs, je vous en prie, que cela n'aille pas plus loin. N'en parlons plus.

FERNAND, *bas, à Hortense*. — Il ne le dira pas.

M. QUANTIN, *bas, à son voisin de droite*. — Napoléon a été vaincu parce qu'il avait des N *mis* devant et derrière... Ah! voici des pommes, je pourrais m'en faire des souliers à la place des souliers *seize* qui me blessent.

LE CONVIVE INDULGENT. — Comment cela?

M. QUANTIN. — En les faisant *cuir*.

TOUS. — Bravo! bravo!

FERNAND, *quand tout le monde a fini, d'une voix aiguë*. — Bravo!

M. QUANTIN. — De même qu'un jour maigre on peut faire un plat de poisson avec des cailles.

LE CONVIVE INDULGENT. — Oh! oh!

M. QUANTIN. — Vous chargez votre fusil, vous tirez sur les cailles, et, si vous ne les manquez pas, elles sont des *truites*.

LE CONVIVE INDULGENT. — Ah! ah! *détruites*.

M. SORIN. — Ah! ah! ah!

M. QUANTIN. — Marguerite, donnez-moi du pain; qu'est-ce que dit le pain quand...?

FERNAND. — A la santé de madame Sorin!

M. QUANTIN. — Qu'est-ce que dit le pain quand on le c...?

tous. — A la santé de madame Sorin !

Ici, on porte une demi-douzaine de toasts.

M. QUANTIN, *à son voisin de droite*. — A qui devez-vous le jour?

LE VOISIN DE DROITE DE M. QUANTIN. — A M. et madame Pérot, *mes père et mère*.

M. QUANTIN. — Ta te ti to...

LE VOISIN DE DROITE. — Hein !

M. QUANTIN. — Ta te ti to...

LE VOISIN DE DROITE. — Eh bien, qu'est-ce que cela veut dire, ta te ti to tu?

M. QUANTIN. — Je n'ai pas dit: *tu*.

LE VOISIN. — Vous avez dit : ta te ti to.

M. QUANTIN. — Donc, *tu* n'y es pas, c'est-à-dire que vous vous trompez, si j'osais me permettre de vous tutoyer. Vous devez le jour à la chicorée.

LE VOISIN DE DROITE. — En voilà une jolie !

M. QUANTIN. — Parce que la chicorée est *amère*... Ta mère !

FERNAND. — La chicorée est votre mère?... Je ne comprends pas.

M. QUANTIN. — Ta mère.

FERNAND. — Alors vous tutoyez monsieur?

M. QUANTIN. — Momentanément. Qu'est-ce que dit le pain quand on le coupe?

FERNAND. — Madame Sorin se lève. Messieurs, la main aux dames !

On se leva alors pour aller prendre le café au salon.

M. Quantin et Fernand se séparèrent on ne saurait plus mal disposés l'un pour l'autre. Le bouquet de M. Quantin est resté sans eau sur le marbre de la cheminée. On avait engagé Fernand à revenir tous les soirs : on réunissait quelques personnes, on dansait, on jouait aux jeux innocents. Hortense avait demandé à Fernand s'il reviendrait le lendemain. Fernand avait répondu :

— Vous savez bien que oui.

En rentrant chez son oncle, Fernand trouva Charles installé dans sa chambre et couché sur son lit.

— Ohé ! Charles !

— Hein ! qui est-ce qui est là ?

— Moi, Fernand.

— Eh bien, qu'est-ce que tu viens faire ici ?

— Parbleu ! me coucher, quand tu auras bien voulu me rendre mon lit... Allons, le voilà rendormi !... Charles ! Charles !

— Qui est là ?

— Ah çà ! ce dialogue peut ne jamais finir !

— Qui est là ?

— Moi, Fernand, qui veux me coucher.

— Eh bien, mais quand tu auras fini de me secouer... Ah! me voilà réveillé ; je t'attendais. J'ai à te parler sérieusement. Il faut que lundi tu me mettes à la porte.

— Comment cela ?

— Que tu me chasses.

— Bah !

— Ignominieusement, de façon à ne pas m'accorder les huit jours qu'on laisse d'usage aux domestiques pour chercher une nouvelle place.

— Pourquoi cela ?

— Parce que je m'ennuie ici, parce que la petite Fanny va à Paris, et que je prétends faire la route avec elle.

— Mais sous quel prétexte te chasser ?

— N'aie pas d'inquiétude : je me charge de te donner mieux qu'un prétexte.

— Une idée !

— Voyons ton idée.

— Si tu insultais mon oncle !

— Insulter ton oncle ?

— Insulter mon oncle...

— Pour quoi faire ?

— Mon Dieu ! que cet être-là est donc obtus ! *Me miserum !* où ai-je pris un polype, un corail pour ami ?

— Es-tu fou ?

— Oui, certes, je suis fou ! sans cela, serais-je ton ami ? Tu insulteras mon oncle.

— Bien !

— Je m'indigne, j'entre dans une colère impossible à décrire.

— Bien !

— Je te traite comme le dernier des misérables.

— Bien !

— Je ne veux rien entendre.

— Bien !

— Je suis implacable.

— Bien !

— Je te casse ma canne sur les épaules.

— Très-bien !

— Ma fureur est telle, que mon oncle lui-même cherche à m'apaiser. « Non, dis-je, s'il n'avait offensé que moi, je pourrais peut-être encore lui pardonner; mais c'est vous, c'est mon oncle, que le drôle, que le bélître a osé insulter ! Je le chasse pour ne pas l'assommer. » Tu conçois l'excellent effet de la scène sur mon oncle.

— A ravir ; mais je ne puis insulter cet homme de but en blanc.

— Saisis la première occasion où il te fera une observation, et réponds-lui. Il est violent, il s'emportera.

— Mais, comme je veux être chassé avant lundi, je crois plus prudent de faire naître l'occasion.

— Ne fais pas de sottises trop fortes.

— Qu'est-ce que cela te fait, puisque tu me chasses?

— N'importe, ne va pas trop loin.

— Je te dis adieu ce soir, et nous allons faire du punch et boire à mon voyage. Ah! à propos, tu me payeras, en me chassant, trois mois de gages.

— Où veux-tu que je les prenne?

— Tu les demanderas à ton oncle, et, quand je serai parti, une fois entré dans des affaires de ménage, rien ne t'empêchera de te féliciter de mon départ, de dire que je t'ai ruiné, dépouillé; que, depuis quelques mois, je t'ai réduit à une gêne qui t'oblige à le consulter sur tes affaires et le prier de t'avancer de l'argent... Ah çà! d'où viens-tu? que fais-tu depuis quelques jours?

— Moi? Rien, je me promène, je rêve.

— Seul?

— Parfaitement seul.

— D'où vient cet amour subit de la solitude?

— Je ne sais, une sombre mélancolie...

— Je l'ai vue hier à la fenêtre, ta mélancolie ; elle avait une robe bleue.

— Que veux-tu dire?

— Que je t'ai vu hier passer devant la ferme de M. Sorin et regarder à une petite fenêtre.

— Eh bien, oui... j'aime, j'adore une jeune fille...

— Et tu la nommes?

— Je ne la nomme pas.

— De la discrétion? Diable! c'est une passion.

— Comme vous dites, une passion.

— Alors, bonsoir.

— Bonsoir.

Le lendemain, quand Fernand arriva chez M. Sorin, on buvait de la bière sous le grand châtaignier placé devant la maison. Hortense était avec deux autres jeunes filles et madame Sorin; les hommes étaient M. Sorin, M. Quantin, et Fernand qui arrivait. M. Quantin avait *déballé* avant l'arrivée de Fernand ; le chien avait aboyé après lui, il l'avait chassé, craignant une *mort sûre*. Comme M. Sorin lui avait demandé : « Que lit-on de *neuf?* » il avait répondu que l'on n'en disait rien, sinon que c'est toujours la moitié de *dix-huit*. Il avait vanté les productions de la France, qui a des *coings* dans toutes les rues et des *dattes* à toutes les époques.

— Ah ! voici M. Fernand, dit madame Sorin.

Hortense l'avait aperçu avant elle, mais elle n'avait rien dit.

— M. Sorin soutenait, dit madame Sorin, que vous ne pourriez pas trouver le chemin.

M. QUANTIN. — Il n'y avait pas de danger; monsieur est trop bel homme pour cela.

FERNAND. — Monsieur...

M. QUANTIN. — Un *bien fait* n'est jamais perdu.

M. SORIN. — Rentrons-nous?

MADAME SORIN. — Non; la soirée est magnifique, restons à la belle étoile.

M. QUANTIN. — Je ne connais pas cet abbé-là.

JULIE. — A quoi allons-nous jouer?

Rose proposa divers jeux innocents auxquels on joua tour à tour...

Je sais quelqu'un qui a beaucoup d'esprit, qui a écrit sur les jeux innocents un chapitre que je voudrais bien avoir fait, d'autant que ce chapitre ne sera jamais imprimé, car l'auteur sait bien que, dès qu'une femme se fait écrivain, elle a d'un seul coup le double tort d'augmenter le nombre des livres et de diminuer le nombre des femmes.

Pendant le cours de ces divers jeux, Fernand trouva occasion de dire à Hortense :

— Mademoiselle, je vous supplie de ne pas prendre en mauvaise part ce que je vais vous demander. Je quitte ce pays dans quelques jours ; il faut absolument que j'aie avec vous, avant de partir, une conversation de quelques instants.

Je ne sais trop ce qu'eût répondu Hortense : elle avait bien envie de savoir ce que lui voulait Fernand, ou plutôt de l'*entendre,* car ses *théories* étaient à ce sujet assez avancées pour qu'elle sût fort bien qu'il serait question d'amour. Cepen-

7.

dant elle ne pouvait accorder à une première demande une chose aussi grave qu'un rendez-vous. Heureusement, pour la tirer d'embarras, quelqu'un s'approcha d'elle et la dispensa ainsi de répondre. Ce ne fut que longtemps après que Fernand put la rejoindre et lui dire :

— Mademoiselle, je jure sur l'honneur que ce que j'ai à vous dire n'a rien que de parfaitement honorable. Me refuser serait me réduire au désespoir. Soyez demain matin à la porte de la ferme quand je ferai de ce côté ma promenade ordinaire. C'est sous ce même châtaignier où nous sommes en ce moment que je vous demande une entrevue qui, ainsi en vue de la ferme, n'a rien d'inconvenant ni de mystérieux.

ROSE. — Jouons au *jardin de ma tante*.

HORTENSE. — Je ne sais pas le jeu.

MADAME SORIN. — Ni moi.

M. QUANTIN. Ni moi.

FERNAND. — Sous ce rapport, je suis comme monsieur.

ROSE. — Tu le sais, Julie?

JULIE. — Oui. Commençons... Plaçons-nous en rond.

JULIE, *à madame Sorin*. — Je te vends les quatre coins du jardin de ma tante: dans le premier coin, il y a un romarin, je t'aime sans fin.

MADAME SORIN, *à Rose*. — Je te vends les quatre coins du jardin de ma tante: dans le premier coin, il y a un romarin, je t'aime sans fin.

ROSE, *à M. Quantin*. — Je vous vends les quatre coins de mon jardin, etc.

M. QUANTIN, *à Fernand*. — Je vous vends les quatre coins du jardin de ma tante: dans le premier coin, il y a un romarin, je vous aime sans fin.

FERNAND, *à Hortense.* — Je vous vends les quatre coins de mon jardin, etc.

HORTENSE, *à Julie.* — Je te vends, etc.

JULIE, *à madame Sorin.* — Dans le second coin, il y a une rose. Je t'embrasserais, mais je n'ose.

MADAME SORIN, *à Rose.* — Dans le second coin, etc.

ROSE, *à M. Quantin.* — Dans le second coin, etc.

M. QUANTIN, *à Fernand.* — Dans le second coin, il y a, etc.

FERNAND, *à Hortense.* — Dans le second coin, il y a une rose. Je vous embrasserais, mais je n'ose.

HORTENSE, *à Julie.*—Dans le second coin, etc.

JULIE, *à madame Sorin.* — Dans le troisième coin, il y a un œillet, dis-moi ton secret. Voyons, Aglaé, ton secret.

MADAME SORIN, *bas à Julie.* — Mon mari est

passablement maussade... (*Haut, à Rose.*) Dans le troisième coin, il y a un œillet, dis-moi ton secret.

ROSE, *bas, à madame Sorin...* (*Haut, à M. Quantin.*) — Dans le troisième coin, il y a un œillet, dites-moi votre secret.

M. QUANTIN, *bas, à Rose, après l'avoir embrassée clandestinement...* (*Haut, à Fernand.*) — Dans le troisième coin, il y a un œillet; dites-moi votre secret.

FERNAND, *bas, à M. Quantin...* (*Haut, à Hortense.*) — Dans le troisième coin, il y a un œillet; dites-moi votre secret.

HORTENSE, *bas, à Fernand, en rougissant...* (*Haut, à Julie.*) — Dans le troisième coin, il y a, etc.

JULIE. — Dans le quatrième coin, il y a un pavot; ce que tu m'as dit tout bas, je vais le dire tout haut. Madame Aglaé Sorin m'a dit : « Mon mari est, ce soir, passablement maussade. »

M. QUANTIN. — Comment! comment! est-ce qu'on répète?... C'est ridicule; ce n'est pas spirituel. Je n'aime pas ce jeu-là.

Hortense ne dit rien, mais elle devint pâle comme une morte ; elle avait dit bas à Fernand, qui n'avait cessé de la supplier toute la soirée : « Demain à sept heures. »

MADAME SORIN. — Dans le quatrième coin, il y a un pavot ; ce que tu m'as dit tout bas, je vais le dire tout haut. Rose m'a dit...

ROSE. — Oh bien, je ne veux pas que tu le répètes.

M. QUANTIN. — N'est-ce pas, mademoiselle Rose, que ce jeu n'a pas le sens commun?

MADAME SORIN. — Rose m'a dit : « Il fait beau ce soir. »

M. QUANTIN. — Traîtresse! vous saviez le jeu! (*Il fait des signes à Rose*).

ROSE. — Dans le quatrième coin, il y a un pavot; ce que vous m'avez dit tout bas, je vais le dire tout haut. Ne me tirez donc pas par ma jupe! monsieur Quantin... vous avez beau cligner de l'œil... M. Quantin m'a dit qu'à côté de moi, Aglaé, Hortense et Julie ne méritaient pas qu'on les regardât.

M. QUANTIN. — Je vous prie de croire...

JULIE. — M. Quantin n'est pas assez fat pour croire que cela nous fait quelque chose.

M. QUANTIN. — Je vous supplie...

ROSE. — Allons, allons, le jeu.

M. QUANTIN. — Dans le quatrième coin, etc.; monsieur m'a dit : *Qui trop embrasse mal étreint.*

FERNAND. — Pardon, monsieur, ce n'est pas

tout à fait cela. Mademoiselle Rose ne nous a pas révélé votre confidence tout entière ; vous lui avez donné un baiser sur le cou, sous prétexte de lui parler à l'oreille.

M. QUANTIN. — Moi, monsieur?

ROSE, *très-rouge*. — Je ne l'avais pas senti.

FERNAND. — Et vos moustaches ont marqué le baiser en noir sur son cou... d'albâtre, comme on dit.

MADAME SORIN. — Ma foi, la marque y est encore.

M. QUANTIN. — Je ne vois pas... monsieur, quel rapport...

FERNAND. — Pardon, monsieur, ceci explique que je vous ai dit, non pas *qui trop embrasse, mal étreint,* mais *qui mal est teint trop embrasse.* Je vous demande pardon de vous avoir dérobé ce calembour. (*A Hortense.*) Dans le quatrième coin, il y a un pavot; ce que vous m'avez dit tout bas, je vais le dire tout haut. Mademoiselle Hortense m'a dit que sa cousine, madame Sorin, est aussi bonne que jolie.

HORTENSE. — Julie m'a dit bonsoir.

M. QUANTIN, *à Fernand très-haut à l'oreille et de façon à être entendu de tout le monde.* — Monsieur, je serai demain à sept heures du matin sur le pré.

FERNAND, *froidement*. Pour paître, monsieur ?

M. QUANTIN. — Non, monsieur, pour y corriger un insolent, pour me battre.

FERNAND. — En effet, monsieur, le meilleur moyen de corriger un insolent est de vous battre... vous-même.

VI

C'était le soir, à l'heure où le ciel reprend à la terre tout ce qu'il lui a prêté pendant le jour. Le odeurs s'exhalent plus pénétrantes ; les brillante couleurs des arbres et des fleurs disparaissent; la pourpre des roses, l'or des genêts, sont serrés dans le riche écrin du ciel jusqu'au lendemain. L'homme croit que ses yeux ont cessé de voir tandis que seulement les choses qu'il voyait n'existent plus. Tout cela, demain matin, retombera avec les perles de la rosée matinale.

A cette heure où tout remonte, où le soleil replie ses rayons au milieu des parfums et des magnificences reprises à la terre, montent aussi au ciel les prières des hommes.

M. SORIN. — O ciel! faites que le père de ma femme ne tarde pas à nous laisser le bien qui me permettrait d'acheter cette pièce de terre qui m'arrondirait. Il est vieux et malade. La vie n'est pour lui qu'un fardeau!

AGLAÉ SORIN. — O ciel! conservez-moi mon père!

FERNAND. — O ciel! faites qu'Hortense soit à moi!

M. QUANTIN. — O ciel! faites qu'Hortense soit à moi!

JULIE. — O ciel! faites que M. Quantin, qui a une si bonne place, veuille m'épouser!

ROSE. — O ciel! faites que M. Quantin, qui a une si bonne place, veuille m'épouser!

CHARLES. — O ciel! pourvu que l'oncle donne de l'argent!

L'ONCLE. — O ciel! pourvu que je ne sois pas encore forcé de donner de l'argent à mon neveu!

HORTENSE. — O ciel! faites que l'homme que mon père me destine ne soit jamais mon mari!

LE PÈRE D'HORTENSE. — O ciel! faites que l'homme que je destine à ma fille soit un heureux époux!

Embarras du ciel, qui ne peut contenter tout le monde, et prend sagement le parti de ne se mêler de rien.

VII

Le lendemain, de bonne heure, M. Quantin, arrivé dans l'endroit qu'il avait désigné à Fernand, y trouva Charles, qui fumait un cigare.

CHARLES. — Vous devez être M. Quantin?

M. QUANTIN. — Précisément. Et vous, vous devriez être M. Fernand.

CHARLES, *haut, mais se retournant comme s'il ne voulait pas être entendu.* — Qu'est-ce qu'on m'a donc dit qu'il était si bête ? Le mot est très-joli. (*Haut.*) M. Fernand m'a prié de l'excuser et de vous faire patienter quelques instants ; les chances du combat sont douteuses; on peut se faire tuer après avoir fait n'importe quoi, mais il y a des choses qu'on ne peut guère faire après avoir été tué. Il sera ici dans un quart d'heure.

M. Quantin salua et se mit à se promener silencieusement. Charles se promena de son côté et revint à lui :

— Voulez-vous fumer un cigare?

— Avec plaisir.

M. Quantin allume son cigare à celui de Charles. Ils se tournent le dos et vont chacun jusqu'au bout de la prairie; ils reviennent et se retrouvent vis-à-vis l'un de l'autre.

CHARLES. — Prisez-vous ?

M. QUANTIN. — Oui, monsieur.

CHARLES. — Eh bien, donnez-moi une prise.

M. QUANTIN. — Très-volontiers, monsieur.

Ils se tournent encore le dos, vont jusqu'au

bout du pré en marchant lentement et reviennent.

Charles se met alors à réciter des vers ou de la prose tout haut, et, soit hasard, soit malice, les vers ou la prose qu'il récite au moment où ils se rouvent en face sont toujours peu égayants.

>
> Un jeune malade, à pas lents,
> Venait voir une fois encore
> Le bois chers à ses premiers ans.
> . . . .
> . . . . Adieu, je succombe !
> . . . .
> Et dans chaque feuille qui tombe
> Je vois un présage de mort.
> . . . .
> Au banquet de la vie, infortuné convive,
> J'apparus un jour et je meurs !
> Je meurs ! et sur la tombe où lentement j'arrive
> Nul ne viendra verser des pleurs !
> . . . .
> La tombe est hermétiquement fermée : aucun secret n'en sort . . . .
> Je vais chercher un grand peut-être.
> . . . .

— Pardon, monsieur Quantin, il faut que vous me disiez si vous êtes parent d'un Quantin qui a servi dans le 2· hussards ?

— Non, monsieur.

Ils se tournent encore le dos, vont jusqu'au bout du champ et reviennent.

CHARLES. — Ce Quantin fut tué en duel bien malheureusement.

Ils se tournent encore le dos, vont jusqu'au bout du champ et reviennent.

CHARLES. —

Il tombe : tout son corps n'est bientôt qu'une plaie.
. . . .
La mort a des rigueurs à nulle autre pareilles.
De profundis clamavi ad te, Domine!

M. QUANTIN. — Ah çà! monsieur, le faites-vous exprès ?

CHARLES. — Quoi, monsieur?

M. QUANTIN. — Vous avez l'air, depuis un quart d'heure, de faire mon oraison funèbre.

CHARLES. — Quand cela serait, vous auriez mauvaise grâce à vous plaindre. Peu de gens ont la consolation d'entendre la leur. Ah! voici mon ami... Mais, j'y pense, vous n'avez pas de témoin.

M. QUANTIN. — Je lui avais donné rendez-vous ici. Mais, Dieu me pardonne! il vient avec votre ami.

Fernand arrive en courant et la joie sur le visage :

— Ah! vous voilà, monsieur Quantin! Enchanté de vous rencontrer! Comment allez-vous? Ah! mon cher Charles!

M. QUANTIN. — C'est à nos témoins à fixer...

FERNAND. — Quoi donc?

M. QUANTIN. — Comment! notre duel...

FERNAND. — Oh! notre duel! Est-ce que je me bats? Je suis trop heureux, je ne me bats pas.

M. QUANTIN. — Monsieur, j'en suis fâché, mais...

FERNAND. — Allons donc, monsieur Quantin! je veux vous embrasser.

M. QUANTIN. — J'en suis désolé, monsieur, mais vous vous battrez.

FERNAND. — Ma foi, non! je veux danser avec vous.

Il le prend par les deux mains, et le fait sauter et tourner malgré lui. M. Quantin s'irrite, fait d'inutiles efforts pour se dégager. Les témoins s'interposent.

M. QUANTIN. — Ah! vous croyez, mon petit monsieur, qu'il s'agit d'être malhonnête le soir, et, le lendemain, de dire : « **Je ne me bats pas!** »

FERNAND. — Ah çà! vous voulez donc vous battre, décidément?

M. QUANTIN. — Oui, monsieur.

FERNAND. — Eh bien, battons-nous, puisque vous y tenez. C'est que, réellement, je suis très-heureux ce matin : j'aime tout le monde, et je ne voudrais pas vous faire de mal. Mais puisque vous y tenez...

On se place à vingt pas. Les témoins chargent les pistolets. M. Quantin tire sur Fernand et le manque. Fernand tire en l'air.

Les pistolets, chargés de nouveau, sont remis aux combattants. M. Quantin tire et manque, Fernand vise un arbre, y loge sa balle, et dit :

— Monsieur Quantin, vous serez peut-être plus heureux à l'épée.

Les témoins donnent les épées.

— Allez, messieurs.

Fernand enlève d'un coup de désarmement l'épée de Quantin, la ramasse et la lui rend poliment. M. Quantin, furieux, se précipite sur Fernand, qui lui enlève encore son épée.

FERNAND. — Tâchez de la tenir un peu mieux. On vous en donnera, des petits couteaux pour les perdre. Voulez-vous ne plus vous **battre** ?

M. QUANTIN. — Vos plaisanteries sont du plus mauvais goût.

FERNAND. — Je ne plaisante pas ; je ne me bats que pour vous faire plaisir, et, quand cela ne vous amusera plus, nous cesserons.

Les témoins s'interposent encore. Charles emporte les épées. Fernand salue M. Quantin et son témoin, et suit son ami.

— Oserai-je vous demander, mon ami Fernand, dit Charles quand ils furent seuls, oserai-je vous demander le sujet de cette joie parfaitement bouffonne, qui vous a porté à jouer avec cet imbécile un jeu qui m'a fait frémir?

— Mon ami Charles, reprit Fernand, je t'ai dit que j'aimais une jeune fille.

— Ah! oui, la *mélancolie*... en robe bleue... je sais.

— Eh bien, à force de prières, d'obstination, d'importunités, je lui avais fait accepter un rendez-vous pour ce matin ; elle y est arrivée en même temps que moi, et si tu savais ce que j'ai appris dans ce rendez-vous !

— Parbleu ! *que la flamme est partagée ?*

— Comment le sais-tu ?

— Oh ! par une intelligence surnaturelle ! parce que je suppose qu'une fille qui accorde un rendez-vous n'y vient pas pour parler des affaires d'Orient ni de la rente d'Espagne ; parce que ce qu'elle t'a dit était précisément la seule chose qu'elle pût te dire ; parce que, ayant accepté l'entrevue de ce matin, elle n'avait aucun besoin d'en dire autant, et que ton bonheur était tout aussi évident hier au soir qu'à présent.

Le soir, Fernand alla à la ferme ; Hortense lui glissa dans la main un billet ainsi conçu :

« On nous a vus ce matin. M. Quantin est venu, et a demandé à ma cousine sa protection auprès de mes parents et de moi pour *obtenir ma main*. Je me suis servie d'une chose qui ne tardera pas à faire mon désespoir ; j'ai allégué un mariage depuis longtemps arrêté par ma famille. C'est ce mariage funeste qui m'a poussée à la démarche imprudente de ce matin. D'un moment à l'autre, mon père peut revenir me chercher ; et, si vous m'aimez, il faut que nous prenions nos mesures et que nous nous inspirions une force et un courage dont je prévois que nou n'aurons que trop besoin. Il faut être quelque temps sans nous voir. Je ne veux pas qu'on parle de vous à mon père; il me ferait quitter la ferme immédiatement, et ce n'est que là que je puis espérer de vous voir quelquefois. Si vous saviez tous les chagrins que j'affronte pour vous! si vous connaissiez l'invincible volonté et la violence de mon père, vous me sauriez gré, sinon de mon courage, au moins de ce qui en est la source et l'origine. Soyez demain matin, à *six heures*, sous le châtaignier.

» Hortense. »

Fernand répondit à ce billet les douze pages que tout amoureux de son âge eût répondues à sa place, et dont je veux bien, madame ma lectrice, ne vous donner que le sommaire, persuadé que vous n'êtes pas sans en avoir quelquefois lu de semblables, adressées, sinon à vous, du moins à quelqu'une de vos amies, ce qui vous empêchera de vous étonner de quelques contradictions qui s'y pourraient rencontrer. « Pourquoi ne pouvait-il attendre, ce *père chéri ?* Se jeter à ses genoux, et lui demander le droit de faire le bonheur de sa fille. » Un peu plus bas : « Il saurait bien la défendre de la violence des emportements *d'un tyran.* » En résumé : « Il respectait beaucoup le père d'*Iphigénie*, mais il était parfaitement disposé à lui rompre les os. Il commençait une nouvelle existence, et prenait le ciel à témoin que son amour ne finirait qu'avec sa vie. Pourquoi ne pouvait-il fuir avec elle loin d'un *monde imposteur !* Il lui offrait de conquérir une fortune, un rang, des honneurs, une couronne, l'empire du monde même, pour peu que cela lui fût le moindrement agréable. Pour son goût, à lui, il préférait le *fond* des déserts ; cependant elle l'obligerait de ne point se gêner, et de dire franchement ce qui lui conviendrait le mieux. Il regrettait amèrement de n'avoir pas au moins estropié M. Quantin, et il ne trouvait ni dans l'histoire des martyrs, ni dans celle de l'inquisition, un supplice qui lui parût applicable à l'audace qu'avait ce maltôtier subalterne, ce pharisien maudit d'aimer sa divine Hortense. »

Hortense trouva cette lettre ravissante ; c'était ainsi qu'écrivaient les divers Amadis, Edgard, etc., qu'elle avait aimés tour à tour dans les romans qu'elle avait lus, et qu'elle attendait pour commencer le roman auquel elle pensait avoir des droits incontestables. Le lendemain, Fernand était longtemps avant six heures sous le grand châtaignier, portant à la main une cage qu'il cacha dans la haie. Hortense ne tarda pas à le venir joindre. Elle était fort émue et pouvait à peine parler. Certes, quelqu'un qui eût entendu les deux amants les eût trouvés parfaitement ridicules, tant les discours de Fernand et les quelques mots d'Hortense étaient ampoulés et remplis d'affectation. Mais ceux qui se rappellent, savent quelle divine harmonie résonne dans les cœurs de deux jeunes amants qui disent des sottises, et combien leur voix les remplit mutuellement d'une céleste ivresse dont ne peuvent les tirer les paroles inutiles et absurdes par lesquelles ils essayent infructueusement de traduire leurs nouvelles et ravissantes sensations.

Le résumé fut que Fernand devait s'abstenir de venir à la ferme jusqu'au moment où le père d'Hortense serait venu et aurait consenti à y laisser sa fille. Alors seulement Hortense lui ferait savoir par un message qu'il pouvait reparaître, en donnant à son absence un prétexte plausible; mais elle était fort embarrassée sur le choix du messager.

Fernand avait prévu cet embarras, et tira de la haie la cage qu'il y avait déposée, et qui contenait deux pigeons d'une blancheur éblouissante qu'il avait pris dans le colombier de son oncle. Quand il pourrait revenir, ou s'il arrivait quelque chose d'important, qu'Hortense eût besoin de lui faire savoir, elle attacherait un billet au cou d'un des pigeons et lui donnerait la liberté; l'oiseau ne manquerait pas de retourner au colombier. Seulement, pour que Fernand fût témoin de leur retour, elle les lâcherait à six heures du matin, heure à laquelle Fernand se tiendrait en observation. Si les deux pigeons rentraient au logis sans lui avoir apporté, à lui, l'ordre de revenir à la ferme, il les apporterait pendant la nuit dans leur cage, qu'il cacherait dans la haie, à l'endroit où il venait de les prendre et où Hortense les trouverait. Tout cela bien convenu, ils se répétèrent une douzaine de fois qu'ils s'aimaient, qu'ils s'aimeraient toujours, et ils se séparèrent le cœur gros d'amour et de larmes.

Le lendemain parut horriblement triste aux deux amants. Le surlendemain, Fernand était de bonne heure au colombier ; un vague pressentiment lui disait qu'il aurait une lettre, et son pressentiment se trouva réalisé. Dieu sait combien de mouches lui passant près de l'œil, pendant qu'il interrogeait l'horizon, lui parurent le pigeon attendu. Enfin un point noir se montra dans le ciel et ne tarda pas à grossir ; puis on distingua un oiseau; puis les rayons du soleil levant firent étinceler ses ailes blanches. Un pigeon descendit sur le colombier et vint comme de coutume sur l'épaule de Fernand; il avait au cou un petit papier attaché par une soie blanche.

« Je n'ai rien d'intéressant à vous dire, si ce n'est que la journée d'hier à duré cent ans. Je veux essayer la fidélité de nos confidents. Celui-ci part avec un baiser sur sa petite tête blanche. Vous occupez toute ma pensée. Adieu. »

Le lendemain, le second pigeon arriva. Il apporta aussi un petit papier qui renfermait une boucle de cheveux. Fernand fut ravi, et passa toute la nuit à faire des vers sur ces cheveux et sur les pigeons blancs, et sur le baiser qu'il recevait pour récompense. Une heure avant le jour, il avait reporté dans la haie les deux pigeons avec ses vers.

C'était le matin, la rosée s'élevait en vapeurs grises et faisait ressembler les prairies à un lac immense. M. Quantin sortit de chez lui pour chasser, et, selon sa coutume chaque fois qu'il sortait, il s'arrangea pour passer devant la ferme de M. Sorin. Mais, ce jour-là, il avait une intention tout à fait galante. Le père d'Hortense était arrivé la veille au soir. Il y avait à la ferme un grand dîner auquel était invité M. Quantin, et il voulait attacher à la fenêtre d'Hortense, qu'il supposait encore endormie, un bouquet et une lettre. Il l'avertissait qu'il allait *demander* positivement *sa main* au respectable auteur de ses jours, et que, si elle daignait approuver cette démarche, il la suppliait de porter, le soir, le bouquet qu'il prenait la liberté de lui offrir.

M. Quantin ne fut pas médiocrement surpris lorsque, franchissant la haie de la ferme, il aperçut Hortense levée et à sa fenêtre. Il se cacha derrière la haie et la regarda. Elle attachait un billet au cou d'un des pigeons, et le couvrait de baisers et de larmes. A un mouvement que fit M. Quantin, elle rentra précipitamment; mais, ne voyant personne, elle reparut, et cette fois avec les deux pigeons blancs. Elle leur donna encore plusieurs baisers, puis les plaça sur la fenêtre, qu'elle ferma derrière eux. Les pigeons secouèrent leurs ailes, se détirèrent, et partirent d'un vol égal; mais, au moment où ils passaient par-dessus la haie, on entendit deux coups de fusil. Hortense se sentit bondir le cœur, et se précipita à la fenêtre, mais elle ne vit personne, et rentra, pensant que c'était quelque chasseur comme elle en entendait tous les jours depuis l'ouverture de la chasse, et qu'il y avait assez de perdrix et de lièvres pour qu'on ne s'amusât pas à tirer sur deux pigeons faits tout entiers de plumes blanches. Voici ce que contenait la missive dont l'un des deux était porteur :

« Fernand, je pars; mon père, qui est arrivé hier soir, m'emmène demain matin. Je vais avoir de longs et terribles combats à soutenir; mais l'amour me viendra en aide; je ne ferai pas de lâcheté, je me conserverai pour vous. Vous m'avez dit que vous deviez retourner bientôt à Paris; je vous y écrirai *poste restante*, car je ne sais de votre adresse que le quartier. Peut-être pourrai-je vous donner le moyen de me répondre. Fernand, je crois en vous. Aimons-nous et nous serons forts; aucun sacrifice, aucune résolution, ne me coûteront pour être à vous. En ce moment, où nous sommes séparés peut-être pour longtemps, où nous devons être sûrs l'un de l'autre, je n'hésite pas à vous dire combien je vous aime, pour vous donner en moi la confiance que je veux avoir en vous. Je serai à vous ou je mourrai.

» Hortense. »

» *P. S.* Cet imbécile de M. Quantin ne bouge plus de la ferme; c'est la seule chose qui me console un peu de la quitter. »

Pendant ce temps était arrivé le dimanche, et c'était le lundi que Fernand devait chasser Charles Lefloch. Charles avait commencé, dès le point du jour, par accumuler les prétextes au point d'en faire d'excellentes raisons pour le petit service qu'avait à lui rendre Fernand. Quelques amis venus de la ville voisine avaient passé la nuit chez l'oncle Lefebvre. Charles commença par mêler singulièrement les bottes que chacun avait mises la veille à sa porte pour qu'on les nettoyât. Il mit les bottes de M. Lefebvre à la porte d'un des nouveaux arrivés, fit une paire de la botte droite de l'un avec la botte gauche de l'autre, etc., etc.; cela amena une confusion grotesque. M. Lefebvre s'obstina pendant une demi-heure à entrer dans des bottes à peine capables de contenir son orteil, et finit par descendre déjeuner en pantoufles, dans la crainte de faire attendre ses convives et madame Lefebvre ; mais personne n'était encore en bas. Chaque personne qui descendait se plaignait, l'une de n'avoir pu mettre ses bottes, l'autre de n'avoir trouvé à la porte qu'une chaussure si large, qu'elle là perdait à chaque pas. On s'expliqua, on reconnut ses bottes les unes aux pieds des autres. Je parle de ceux qui avaient pu en mettre. Il fallut remonter aux chambres ; le déjeuner était froid ; madame Lefebvre fut de mauvaise humeur et s'en prit à Charles ; Charles répondit brusquement ; Fernand, qui connaissait la violence de l'oncle Lefebvre, s'empressa d'adresser à son ami un *Charles!* menaçant.

— Mais, dit M. Lefebvre, il a raison de répondre ; le reproche de Clarisse est injuste ; elle exige des domestiques des vertus que les maîtres seraient bien embarrassés de montrer.

Charles et Fernand échangèrent un regard étonné. L'oncle Lefebvre n'avait pas d'ordinaire autant de patience. Charles cassa deux tasses. M. Lefebvre lui demanda s'il ne s'était pas coupé les doigts. Après le déjeuner, il laissa les poules et les lapins entrer dans le jardin. L'oncle n'y trouva rien à redire, sinon qu'il fallait les faire rentrer.

Charles dit à Fernand d'un air consterné :

— Fernand, il est neuf heures, il faut que je sois parti à dix. Je vais frapper un grand coup.

Il prit des pierres pour chasser les lapins et envoya toutes les pierres dans les cloches des melons.

Fernand alors feignit une colère horrible. M. Lefebvre ne s'occupa que de le calmer.

Les deux amis ne savaient que faire, Charles était désespéré. Il fit tomber un encrier sur un tapis, cassa un globe de pendule, laissa ouverte la cage des *serins hollandais*, qui s'enfuirent. Fernand prit la parole.

— Ah çà ! monsieur le drôle, tout ceci passe la plaisanterie ! Depuis ce matin, vous mettez la maison de mon oncle au pillage. Vous allez me faire le plaisir de déguerpir sous cinq minutes, juste le temps de faire votre paquet. De ce moment, vous n'êtes plus à mon service, et je ne veux plus entendre parler de vous.

CHARLES, *bas, à Fernand*. — Je veux emporter le pantalon gris de perle.

FERNAND. — Du tout : j'en ai besoin.

CHARLES. — Moi aussi.

FERNAND. — Alors tu ne partiras pas ; je vais te pardonner.

CHARLES. — Ne va pas faire une sottise comme celle-là !

FERNAND. — Laisse le pantalon, ou je te pardonne.

CHARLES. — Eh bien, je le laisse.

FERNAND, *haut*. — Vous entendez, Charles : **dans cinq minutes, vous aurez quitté la maison.**

M. LEFEBVRE. — Comment, Fernand, pour un

jour d'étourderie et de maladresse, tu vas chasser un domestique qui t'est fort attaché?

FERNAND. — Oui... bien attaché... en effet!

M. LEFEBVRE. — Oui, certainement, et tu l'aimes beaucoup aussi, et ta colère n'est pas sérieuse.

FERNAND. — Comment, pas sérieuse, mon oncle? Mais c'est qu'au contraire je suis hors de moi; c'est que le respect seul que j'ai pour vous m'empêche d'en venir à une correction violente ; c'est que...

M. LEFEBVRE. — Éh bien, je parie que cela se calmera et que vous redeviendrez les meilleurs amis du monde. Quelle heure est-il? Dix heures. Puisqu'il est dix heures et que tu veux absolument le chasser, je ne t'en empêche plus.

FERNAND. — Comment, mon oncle, puisqu'il est dix heures?... Que voulez-vous dire ?

M. LEFEBVRE. — Que je ne veux pas que ce gaillard-là rattrape la petite Fanny. Mais tu ne t'attendais pas à ce qui t'arrive ; je gage que tu dois quelques pistoles à ce drôle, et que tu ne les as pas. Les veux-tu?

FERNAND. — Ma foi, mon oncle, vous devinez juste ; donnez-moi six louis. Vous êtes un oncle excellent.

M. LEFEBVRE. — C'est ton argent que je te donne. Je vais te chercher tes six louis ; si cependant, pour toi-même, tu avais besoin d'un ou deux billets de cinq cents francs, que peut-être tu es venu ici pour me demander...

FERNAND. — O perle d'oncle ! oncle sagace ! oncle modèle !

M. LEFEBVRE. — Je vais te chercher tout cela pendant que ce polisson fera son paquet. Polisson est dur, monsieur Charles ; mais les domestiques ne sont pas les maîtres, et, quand on est domestique...

L'oncle parti, Charles dit à Fernand :

— Sais-tu que ton oncle est un vieux renard et qu'il se moque de nous?

M. Lefebvre ne tarda pas à revenir avec un sac gris plein d'argent. Fernand et Charles échangèrent un regard étincelant.

M. LEFEBVRE. — Tiens, voici un petit reçu que tu vas me signer; j'espère que ce sera le dernier. Dans cinq mois, tu seras majeur, et je te rendrai mes comptes avec un empressement bien difficile à décrire.

» 1° Cent vingt francs pour les gages de Charles. — 2° En deux billets de la banque de France, mille francs. — 3° Pour deux tasses cassées par Charles, quinze francs. — 4° Pour dégâts commis dans le jardin par les poules et les lapins, par la faute du même Charles, vingt francs.— 5° Onze cloches, à raison de trois francs chacune, cassées par le même Charles, à coups de pierre, trente-trois francs. — 6° Pour le nettoyage d'un tapis sur lequel toujours le même Charles a jeté un encrier, cinq francs. — 7° Pour avoir brisé un globe de pendule, quinze francs. — 8° Pour avoir laissé échapper huit serins hollandais, à cinq francs pièce, quarante francs... Car, mes chers amis, ajouta M. Lefebvre, tant que vos espiègleries consistent à me faire passer pour un domestique, un jeune homme parfaitement élevé comme M. Charles, cela ne coûte rien, et je m'en suis amusé autant que vous ; mais, quand elles vont jusqu'à tout casser chez moi, il est bien juste que j'en sois indemnisé.

Charles et Fernand, d'abord confus et interdits, partirent d'un éclat de rire homérique.

— Bravo! bravo! C'est nous qui sommes battus! Les oncles sont vengés! Mais comment avez-vous découvert notre imposture?

— Par une conversation peu gazée que j'ai entendue un soir, il y a huit jours.

VIII

M. Quantin se rendit au dîner que donnait M. Sorin au père d'Hortense, dans sa plus complète magnificence et avec son air le plus triomphant. Hortense frémit un instant; elle n'était pas assez sûre du bon goût de son père pour ne pas redouter qu'il ne trouvât M. Quantin parfaitement spirituel et tout à fait charmant; mais elle se rappela combien il était entêté de ce triste mariage auquel il l'avait depuis si longtemps condamnée, et, tout en se rassurant sur M. Quantin, elle se désolait pour Fernand.

M. QUANTIN. — Marguerite, donnez-moi du pain. — Qu'est-ce que dit le pain quand on le coupe?... Il dit : *Minue*. — Mademoiselle Hortense, avez-vous lu M. de Crébillon... Crébillon père?

HORTENSE. — Oui, monsieur.

M. QUANTIN. — Quelles belles tragédies! J'en suis encore tout ému! J'ai passé la matinée à relire *Atrée et Thyeste*.

HORTENSE. — Je ne comprends pas celui-là, monsieur.

M. SORIN. — Ni moi.

MADAME SORIN. — Ni moi.

M. QUANTIN. — Ce n'est pas un calembour. Je me rappelle les vers, les beaux vers que dit Atrée.

HORTENSE

Ce fils infortuné, cet objet de ses vœux,
Va devenir pour lui l'objet le plus affreux :
Je ne te l'ai rendu que pour te le reprendre,
Et ne te le ravis que pour mieux te le rendre.

Quels charmants *concetti !*

Oui, je voudrais pouvoir, au gré de ma fureur,
Le porter tout sanglant jusqu'au fond de ton cœur.
. . . .
C'est en toi-même, ingrat, qu'il faut que ma victime,
Ce fruit de tes amours, aille expier ton crime.

MADAME SORIN. — Je vous avertis, monsieur Quantin, que cela manque de gaieté.

M. QUANTIN. — Aimez-vous mieux alors que je vous demande quels sont les arbres les plus droits ?

M. SORIN. — Ce sont les peupliers.

M. QUANTIN. — En effet, ce sont les peupliers ; mais pourquoi ?

M. SORIN. — Pourquoi ?... pourquoi ?...

M. QUANTIN. — Parce qu'ils sont *peu pliés.*

MADAME SORIN. — Voici de la chasse de M. Quantin. — Monsieur Quantin, soyez assez bon pour servir.

M. QUANTIN. — Volontiers, madame. — Mademoiselle Hortense, vous en offrirai-je ? Comment les trouvez-vous ?

HORTENSE. — Très-bons ; mais je ne sais pas ce que c'est.

M. QUANTIN. —

Ces pigeons sont dodus ; mangez ! sur ma parole,
J'aime à voir aux pigeons cette chair blanche et molle.

Ce sont des pigeons, des pigeons blancs, ma foi. Je me rappelle encore un beau passage de M. Jolyot de Crébillon. Quand Atrée va faire manger son neveu à son frère Thyeste, pendant qu'on assaisonne convenablement le jeune homme, Atrée, d'un ton ironique, dit à son frère, inquiet de l'absence prolongée d'un fils qu'il ne sait pas à la broche :

> . . . . . . Rassurez-vous, mon frère,
> Vous reverrez bientôt une tête si chère ;
> C'est de notre union le lien le plus sacré :
> Craignez moins que jamais d'en être séparé.

MADAME SORIN. — Mais, vraiment, monsieur Quantin, vous êtes aujourd'hui d'une férocité peu commune.

M. QUANTIN. — C'est que jamais je n'ai vu mieux dépeindre la vengeance. Encore six vers et je me tais. C'est toujours Atrée qui parle ; le jeune homme n'est pas cuit à point ; le père a faim, et on cause en attendant le dîner.

> Vous serez satisfait, Thyeste, et votre fils
> *Pour jamais* en ces lieux va vous être remis.
> Oui, mon frère, il n'est plus que la parque inhumaine
> Qui puisse séparer Thyeste de Phlisthène.

Phlisthène est le nom du rôti. N'en parlons plus. C'étaient deux pigeons blancs, dont l'un portait au cou un billet fort tendre, ma foi!

MADAME SORIN. — Qu'a donc Hortense? Elle est toute pâle.

HORTENSE. — M. Quantin prend son temps agréablement pour nous réciter d'aussi horribles choses! Je ne peux plus manger.

MADAME SORIN. — Je vous le disais bien, monsieur Quantin!

M. QUANTIN. — Allons, n'en parlons plus.

Après le dîner, M. Quantin suivit Hortense au salon et lui dit :

Par tes gémissements je connais ta douleur :
Comme je le voulais, tu ressens ton malheur.

» Toujours *Atrée et Thyeste !*

Et mon cœur, qui perdait l'espoir de la vengeance,
Retrouve dans tes pleurs son unique espérance.

» C'est une belle tragédie, n'est-ce pas, mademoiselle? Nous avons encore, de **M. du Belloy**,

Gabrielle de Vergy; c'est une dame à laquelle un époux fait manger le cœur de son amant. Si vous voulez, je vous enverrai la pièce. Cela vous intéressera beaucoup. Les pigeons étaient excellents, n'est-ce pas? Vous avez peut-être cru que, de désespoir de vos pigeons, je me brûlerais la cervelle? que je me jetterais dans un puits? Nullement! ce serait agir en *seau*. J'aime bien mieux me venger. J'ai eu d'un seul coup les *pigeons* et le *poulet*. Remerciez-moi de n'avoir servi à la société que les pigeons; mais il ne faut pas m'en vouloir pour cela; voyons, vous n'êtes pas philosophe, vous me faites la mine.

HORTENSE. — Monsieur, je vous répondrai, pour parler votre langage, que, si je vous faisais la mine, je vous la ferais un peu moins sotte que vous ne l'avez.

Sous prétexte de la fatigue et du départ du lendemain avant le jour, elle alla se coucher, et passa la nuit à chercher inutilement le moyen de donner de ses nouvelles à Fernand. M. Quantin prit les hommes à part et leur récita d'une manière infâme le quarante-deuxième vers de *Polyeucte*.

Au point du jour, Hortense partit avec son père. Fernand, inquiet, arriva le lendemain. Il rôda autour de la ferme. Les fenêtres d'Hortense étaient fermées, il la crut malade. Il entra, parla aux domestiques, et apprit qu'elle était partie depuis deux jours avec son père. Fernand était désespéré. Il ne voyait aucun moyen de lui écrire. Tout était perdu. Charles finit cependant par lui persuader que, si Hortense l'aimait, elle trouverait bien moyen de lui donner de ses nouvelles ; qu'une lettre à Paris, sans adresse, avec le nom de la personne à laquelle elle est adressée, finit toujours par arriver, etc.

Les deux amis retournèrent à Paris. Fernand resta triste et pensif, refusant de prendre part à aucun plaisir. L'amour est comme le fruit du lotos dont parle la fable : quand on en a goûté, tout ce qui n'est pas lui devient fade et insipide. Il y a dans les souffrances de l'amour, les plus aiguës de toutes les souffrances, un charme tel, qu'on les préfère à tout le reste de ce que la vie humaine renferme de plaisirs, et qu'on n'accepte ni guérison, ni adoucissement.

Hortense, de retour chez son père, n'eut pas cette joie naïve et silencieuse que l'on éprouve toujours en rentrant *chez soi* après une absence ; elle revit sans intérêt son fauteuil accoutumé au coin de la cheminée ; ses rosiers avaient encore quelques dernières roses pâles, mélancolique couronne d'octobre : elle passa auprès de ses rosiers sans respirer leur parfum. Le chèvrefeuille, planté en espalier devant la maison, avait poussé jusqu'à la fenêtre de sa chambre et l'encadrait de son feuillage qui commençait à bleuir, et de quelques fleurs languissantes : les poules revinrent à sa voix pour prendre leur nourriture de sa main; la vieille servante la trouva fraîche et embellie; et elle ne fut sensible à aucun de ces plaisirs du retour, seuls plaisirs que procurent les voyages.

Toute la vie d'Hortense était changée. Toutes ces journées qu'elle avait laissées derrière elle, s'étaient en un seul jour évanouies avec leurs souvenirs, leurs joies et leurs douleurs, comme de brillantes bulles de savon que le vent emporte, et qui disparaissaient en l'air en perdant leurs splendides couleurs. Il n'y avait plus dans sa mé-

moire que le temps où elle avait vu Fernand ;
c'était là tout son passé. Sa vie devint plus calme
et plus silencieuse qu'elle n'avait jamais été. Elle
ne se livrait à aucune sensation extérieure. Son
âme ruminait ses souvenirs. Elle relisait les lettres de Fernand, elle cherchait un moyen de lui
faire parvenir de ses nouvelles ; car, par la méchanceté de M. Quantin, il devait n'avoir rien
compris à ce départ subit. Quoique ses efforts d'imagination fussent infructueux, elle ne pouvait
se figurer qu'elle et Fernand pussent être à jamais séparés. Elle ne doutait pas un moment
qu'il ne fût occupé à savoir des gens de la ferme
l'endroit où elle demeurait, et elle n'entendait
pas marcher quelqu'un du côté de la maison de
son père, qu'elle ne regardât si ce n'était pas Fernand qui venait se présenter au moyen de quelque ruse romanesque, d'autant plus facile à exé-

cuter que son père ne connaissait ni Fernand, ni même son nom. Quelquefois cependant elle pensait que Fernand avait le droit de se croire lâchement abandonné par elle, et que peut-être son ressentiment, légitime en apparence, l'empêcherait de s'occuper de la retrouver ; mais de ces obstacles aucun ne paraissait à Hortense devoir être insurmontable. Elle n'avait jamais vu de roman finir ainsi à la moitié du premier volume. Elle ne voyait que deux dénoûments possibles : ou, après de longues traverses, elle serait réunie à Fernand, ou elle mourrait de langueur, et quelquefois elle se disait les paroles qu'elle prononcerait en mourant ; elle s'attendrissait sur elle-même, et elle pleurait. Mais, dans les deux cas, Fernand devait reparaître. Aussi se demandait-elle, non pas si elle le reverrait, mais quand elle le reverrait et par quels moyens.

En général, les moralistes ont été des pédants qui ont cherché à proscrire les passions au lieu de les diriger; la vertu qu'ils offrent aux gens qui ont faim, soif et sommeil, consiste à ne pas manger, à ne pas boire, à ne pas dormir. Ils proscrivent l'amour; et les poëtes, qu'on traite d'ordinaire légèrement, ont ici encore raison contre eux : l'amour est l'origine et la cause de tout ce qu'il y a de grand, de beau et de noble. Le vulgaire croit que la beauté est la mère de l'amour : c'est l'amour, au contraire, qui crée la beauté; c'est l'amour qui met l'âme dans le regard, de la grâce dans le corps, de la douceur et de la vibration dans la voix; c'est l'amour qui produit les nobles ambitions, c'est l'amour qui produit le génie.

Toutes les choses que Dieu a créées ont pour but l'amour.

Ce dais de saphir avec ses étoiles, ce soleil, ces fleurs qui parfument l'air, ces admirables harmonies des fleuves qui murmurent entre leurs rives vertes, du vent qui soupire dans les feuilles, des abeilles qui bourdonnent dans les jaunes étamines des passe-roses, toutes ces grandeurs, toutes ces magnificences ont été rassemblées par le suprême Créateur pour servir de temple à l'amour, avec l'inquiète sollicitude que met la fauvette à rassembler, pour faire le nid où ses petits doivent éclore, les brins de gazon parfumé, le duvet blanc que le vent arrache aux cygnes, et la laine que les brebis ont laissée après les rosiers sauvages des haies. L'amour est le soleil qui fait éclore toutes ces célestes fleurs de l'âme et qui leur fait exhaler de suaves parfums.

Hortense devint belle et sainte. Son cœur, trop

plein d'amour, laissa déborder quelques gouttes qui, se répandant au dehors, furent de la pitié et de la compassion pour les pauvres, de la bienveillance pour les faibles, de la vénération pour Dieu, de l'indulgence pour tout le monde. Elle avait des consolations pour toutes les douleurs, des soulagements pour tous les maux ; elle faisait de son âme un temple pur de toute souillure et plein de divines splendeurs pour y renfermer son amour.

Un jour, son père lui dit :

— Tu ne me parles plus de ton mariage ?

Elle se sentit pâlir et ne répondit pas.

— Je n'ai pas vu ton futur à Paris pendant le voyage que j'y fis, il était à la campagne, m'a-t-on dit, chez son oncle. L'oncle, à qui j'ai écrit, me répond que le jeune homme ne paraît pas très-disposé au mariage. Mon orgueil de père me dit qu'il changera d'idée quand il t'aura vue.

Hortense se laissa glisser aux pieds de son père, prit sa main dont elle se cacha le visage, et lui dit :

— O mon père, mon bon père, ne faites pas le malheur de votre fille, renoncez à ce funeste mariage.

— Je croyais, répondit M. Delaunay, que j'avais dit à ma fille plus d'une fois combien j'ai en horreur ces grandes phrases qu'elle a rapportées de pension. L'oncle va tâcher de faire revenir le jeune homme, et tu voudras bien te résigner sans murmurer au bonheur que nous te ferons. Autant je suis bon et indulgent quand il s'agit d'écarter de toi un chagrin réel, autant je suis inflexible quand il s'agit de te forcer d'être heureuse ; je ne ferai aucune grâce à tes caprices ni aux billevesées dont tu t'es rempli la tête : tu épouseras le fils de mon ami. L'histoire est pleine d'exemples de pères qui ont ainsi disposé de leurs filles par des vœux. Réjouis-toi de l'avantage que j'ai sur ces pères plus ou moins mythologiques : ils vouaient généralement leurs filles à la Mort, ou à Diane, ou à Vesta, ou au couvent; moi, je t'ai vouée au mariage. Le jeune homme est charmant, à ce qu'on dit, bien élevé et fort à son aise. Je t'ai vouée au bonheur, et je te déclare que le sacrifice s'accomplira, ou que je perdrai mon nom de Delaunay !

Hortense alla pleurer dans sa chambre ; puis elle relut les lettres de Fernand, où elle puisa du courage et de la force. Cependant elle attendait en vain des nouvelles de lui.

Le père Delaunay était réellement le plus désespérant des pères; il ne se donna pas la peine de prendre un air plus sévère que de coutume, ni de grossir sa voix, ni de froncer le sourcil : ç'aurait été admettre qu'il y avait lutte entre sa fille et lui. Une fois sa volonté exprimée, il ne pensait pas avoir à s'occuper de la faire exécuter, tant cela lui paraissait à lui-même nécessaire et inévitable ! Hortense eût voulu lui parler encore de son mariage, il eût manifesté autant d'étonnement que si elle eût voulu s'opposer à un fait accompli. Du moment que, dans sa maison, il avait donné un ordre, il le considérait comme exécuté et n'admettait pas la moindre discussion à ce sujet. Sa femme aussi n'avait qu'une seule ressource quand les volontés de son mari la contrariaient en quelque chose ; elle ne répliquait pas une syllabe, et M. Delaunay était tellement persuadé qu'on lui obéirait, qu'il négligeait ensuite de s'informer si on lui avait obéi.

Ainsi il avait ordonné, deux ans auparavant, la vente d'un cheval qui n'avait jamais quitté la maison et dont lui-même se servait tous les jours depuis ce temps, aimant mieux supposer qu'on en avait acheté un autre semblable au premier, que d'admettre un instant qu'on n'avait pas suivi ses ordres de point en point. Il avait mis à la porte un jardinier qui, depuis six mois, évitait un peu ses regards et continuait tranquillement son service.

Hortense s'adressa à sa mère, lui avoua son amour, la supplia de la protéger. Mais la mère lui répondit avec raison qu'il n'y avait pas moyen de tromper M. Delaunay sur ce point; qu'on ne pouvait lui faire penser que sa fille était mariée, comme on lui avait laissé croire que le cheval péchard avait été vendu, etc. Elle plaignit sa fille, pleura un peu avec elle et lui conseilla de se résigner. D'ailleurs, selon toutes les apparences, Fernand l'avait oubliée, et elle ne le reverrait jamais. Le mari qu'on lui proposait avait toutes les qualités qui font naître l'amour, tandis que Fernand n'avait que celles qu'il donne, etc.

Hortense passa une triste nuit à réfléchir sur sa situation. Quand elle avait vu sa mère lui refuser son appui et lui démontrer, bien loin de l'encourager, l'impossibilité où elle était de résister à son père, elle s'était sentie désespérée, et elle avait été dérober un flacon où son père tenait enfermé de l'arsenic dont on avait quelquefois besoin pour la destruction de certains animaux malfaisants. Rentrée dans sa chambre, elle avait prié Dieu, elle avait pleuré, et son énergie fiévreuse l'avait abandonnée. Alors elle pensa à fuir, à se cacher, jusqu'au moment où elle pourrait, à force de supplications, obtenir de son père son union avec Fernand. Peut-être n'aurait-elle jamais cette permission, mais au moins elle ne serait pas à un autre que celui qu'elle aimait; elle pourrait correspondre avec lui, savoir ce qu'il faisait, être dans la même ville que lui ; mais elle n'osait s'aventurer seule et sans appui au milieu du monde. Au moment de prendre une semblable résolution, elle vit apparaître à ses yeux tous les dangers dont jusquelà elle n'avait fait que soupçonner l'existence, renfermée qu'elle avait toujours été dans la forteresse de la famille.

Elle hésita encore quelques jours; mais, M. Delaunay lui ayant dit que, d'après une lettre, l'oncle du jeune homme était allé lui-même à Paris pour le chercher et le ramener, elle écrivit à Laure, lui raconta toute son histoire et lui fit part de sa résolution ; elle finissait sa lettre par ces mots :

« Je pars. Ne me réponds pas. Dans quelques jours, je serai auprès de toi.

» Ta malheureuse HORTENSE. »

IX

Dans l'atelier.

A vrai dire, la nature avait fort passablement fait les choses à l'égard de l'homme, et il a besoin de se donner tant de peine pour être malheureux, qu'il faut croire que réellement il y trouve une volupté particulière, et que l'on peut se dispenser de le plaindre. Il a appelé bonheur tout ce qui est impossible, et malheur tout ce qui est inévitable. Un homme vraiment sage est celui qui sait jouir de tous les petits bonheurs qu'il rencontre. Je ferai quelque jour un très gros livre sur les petits bonheurs ; je consacrerai un bon nombre de pages au retour de l'hiver, de l'hiver que l'on est si content de voir partir, et que l'on reçoit cependant de si bon cœur quand il revient. Si, aux premiers rayons de soleil de mai, fleurissent à la fois les pâles roses des haies et les genêts sur les bords des bois; si son feu créateur fait épanouir, en même temps que les fleurs du printemps, les pensées d'amour, les douces joies sans cause, les promenades sur les rives vertes des fleuves, les nuits tièdes et étoilées, les voix pleines et vibrantes des fauvettes cachées dans les lilas, les journées que l'on passe tout entières couché dans les prairies en fleurs, **et les douces tristesses et les friandes mélancolies, l'hiver aussi apporte ses fêtes. C'est à la douce chaleur du foyer rallumé qu'éclosent les longues**

soirées et les causeries, devant un feu qui petille
tandis que la pluie bat les vitres avec fureur.
C'est à la lueur du foyer que renaissent les longues
lectures, et les souvenirs, et les airs que
l'on aime, joués sur le piano ou sur l'orgue placés
dans un coin de l'atelier ; et les amis vagabonds
reparaissent, et retrouvent avec joie leurs
pipes accrochées à la muraille et préservées de
tout attentat par l'inscription qu'ils y ont mise :

Odi profanum vulgus, et arceo.

L'hiver, on a des tapis, des coussins, des carreaux ;
l'hiver, on rit de ce bon rire d'enfant que
l'on ne trouve que près de ceux avec qui on a
été enfant, ces frères de rencontre ; toutes ces
joies sont les fleurs de l'hiver et s'épanouissent
au foyer.

Fernand était avec Charles Lefloch dans l'atelier d'Antoine Huguet; Antoine travaillait dans un coin d'après un modèle de femme, et le rapin, Gargantua, nettoyait des pinceaux.

FERNAND. — Tu entends, Gargantua ! s'il se présente ici un habit marron...

CHARLES LEFLOCH. — Est-ce que tu attends ton oncle ?

FERNAND. — Oui, cet habit marron renferme mon oncle. Écoute-moi bien, Gargantua, et profite de cette occasion que je t'offre de suspendre pendant quelques minutes tes importants travaux. On fera entrer cet habit marron ici et non dans ma chambre; on le recevra bien ; on lui donnera de moi l'opinion la plus avantageuse possible, toujours comme avocat, et on lui dira que je n'y suis pas, que je suis en voyage pour quelques jours. Je n'ai pas envie de promener mon oncle dans Paris, de le conduire sur la colonne de la placeVendôme et sur les tours de Notre-Dame. Je ne paraîtrai que le dernier jour de son séjour à Paris, dont il faudra s'informer, pour régler avec lui mes comptes de tutelle, car j'ai vingt et un ans depuis trois jours, et voilà le but vertueux de son voyage. Le lendemain de son départ, il y aura un festin somptueux auquel il faut convier tous les amis qu'on rencontrera d'ici là.

CHARLES. — Ah! le rideau de la voisine d'en face est ouvert.

ANTOINE. — Voilà deux jours qu'elle n'a pas paru.

CHARLES. — Je le crois bien! elle ne peut se mettre à la fenêtre sans rencontrer tes deux gros yeux fixés sur elle comme des yeux de serpent sur un oiseau.

FERNAND. — Est-ce qu'elle est réellement jolie?

CHARLES. — Qu'est-ce que cela te fait à toi, Céladon, Daphnis! à toi qui as renoncé aux amours! à toi aux yeux de qui il n'y a plus qu'une femme dans le monde?

ANTOINE. — Et une femme que tu adores sans savoir où elle est ni si elle pense à toi; une femme qui s'est moquée de toi évidemment. Allons, ne prends pas des airs féroces. Gargantua, donne-moi un bouclier et une dague; Fernand va sauter sur moi. Tu demandes si la voisine est jolie? Juges-en par les effets qu'elle a produits. Vois quelle révolution dans le costume de Charles. Lui avais-tu jamais vu des manchettes?

CHARLES. — Vois comme Antoine Huguet se pose à la fenêtre de façon à dessiner son profil.

ANTOINE. — Et Gargantua, cet Hippolyte jusqu'ici indompté, ce farouche Gargantua, qui, jusqu'à l'âge de quatorze ans qu'il a atteint, avait toujours été insensible aux traits de l'Amour, Gargantua lui-même lisse ses cheveux avec tout ce qu'il trouve d'huile grasse dans l'atelier.

CHARLES. — Gargantua est notre rival.

> Il est jeune, il est vrai, mais aux âmes bien nées
> La valeur n'attend pas le nombre des années.

FERNAND. — Pour décamper.

ANTOINE. — Mais que te font, à toi, tous ces détails sur notre voisine, ou plutôt comment peux-tu les entendre sans scrupule? Ne crains-tu pas de commettre, en t'occupant quelques instants d'une autre, une infidélité envers ta belle inconnue, qui peut-être n'existe pas?

CHARLES, *chantant.*

> Hélas! elle a fui comme une ombre!

L'inconnue en question s'appelait la Mélancolie, et elle avait une robe bleue; elle a disparu tout à coup sans qu'on en ait jamais eu de nouvelles. Si j'osais donner mon avis, vu ses perfections surnaturelles et sa disparition féerique, je penserais que ce n'est pas une femme, mais une *dame blanche* ou une *dame noire ;* qu'elle appartient à la classe redoutable des *djinns, des farfadets.*

ANTOINE. — Des *ombres*, des *mânes*, des *larves*, des *lémures*.

CHARLES. — Des *lamies*, des *spectres*, des *fantômes*, des *goules*.

ANTOINE. — Des *loups-garous*, des *grands veneurs*.

FERNAND. — Je ne pense pas que les respectables personnes dont vous parlez aient l'habitude de porter des jarretières comme celle-ci.

CHARLES. — Apparition de jarretières, que l'on ferait évanouir avec trois mots.

FERNAND. — Parlons de la voisine.

ANTOINE. — Prends garde de manquer de fidélité à ta vision ; les amantes de l'autre monde ne plaisantent pas : elle t'étranglerait comme un poulet.

FERNAND. — Eh bien, pour me guérir de ma folie, je vais aimer la voisine.

CHARLES. — Que tu n'as pas vue.

FERNAND. — Que je n'ai pas vue, mais que j'aime déjà à la folie.

ANTOINE. — Je déclare que je te cède mes droits, me mettant ainsi au niveau de Nisus et d'Euryale, de Pylade et d'Oreste, et de tous les fameux amis dont l'histoire a conservé le souvenir.

CHARLES. — Elle entrouvre sa fenêtre ; elle est habillée ; elle va sortir. C'est singulier, à cette heure-ci. Il fera nuit dans une heure.

FERNAND. — Charles, viens avec moi. (*Il chante.*)

A peine Charles et Fernand étaient-ils sortis, que M. Lefebvre frappa à la porte de l'atelier. Gargantua alla ouvrir et revint dire à Antoine Huguet :

— Monsieur, c'est un habit marron.

— Fais-le entrer.

M. LEFEBVRE. — Ah! pardon, messieurs, je me trompe... Le portier m'aura mal indiqué... M. Fernand Lefebvre ?

GARGANTUA. — C'est ici.

M. LEFEBVRE. — Comment, ici ?

GARGANTUA. — Oui, monsieur, ici.

M. LEFEBVRE. — Et il n'y est pas ?

GARGANTUA. — Je vais le chercher, monsieur ; asseyez-vous.

L'oncle s'assied et jette des regards effarés autour de lui. Ce modèle en désordre, ces étoffes précieuses jetées par terre, ces armes étincelantes, ces pipes, le costume d'Antoine Huguet, vêtu en brigand napolitain, tout lui est inconnu. Pendant ce temps, Gargantua, qui a trouvé un peu ridicule que l'oncle Lefebvre ait demandé si son neveu était dans l'atelier après l'avoir tout entier parcouru du regard, se met à chercher dans les armoires, dans le four du poêle, dans le carton à chapeau, dans les cartons à dessins, sous les étoffes, dans plusieurs cornets de papier, et revient dire gravement à M. Lefebvre :

— Non, monsieur, il n'y est pas; mais il va peut-être rentrer. Attendez-le un moment.

M. Lefebvre n'ose regarder que du coin de l'œil Antoine Huguet, qui ne s'occupe pas de lui. Gargantua s'est remis à l'ouvrage. On frappe : c'est Edgar Sagan. Il entre sans parler. Après quelques instants, il dit :

— Gargantua, la *Rothschild*.

Gargantua lui apporte une pipe garnie en argent et du feu. Edgar Sagan fume sans parler. Le silence le plus profond règne dans l'atelier. L'oncle ose à peine croiser et décroiser ses bras.

ANTOINE, *à Sagan*. — Monsieur vient sans doute pour consulter notre illustre ami, le célèbre avocat Fernand Lefebvre ?

L'oncle retourne la tête du côté d'Antoine.

SAGAN, *sans se déconcerter, répond :* — Oui, monsieur, et je viens de bien loin. Pourvu, monsieur, qu'il consente à se charger de mon affaire.

ANTOINE. — Il en a tant!

M. LEFEBVRE. — Vraiment, il a t...?

sagan. — Monsieur, il s'agit d'une affaire de cinq cent mille francs. Il y a cent mille francs pour lui.

antoine. — Vous devez savoir, monsieur, que ceci ne sera pour lui qu'une médiocre considération.

m. lefebvre. — Comment! cent m...?

antoine. — Il a refusé dernièrement de plaider pour un homme puissamment riche, dont la cause était juste. Mais il avait appris que, dans son enfance, cet homme avait volé des pêches à un voisin de son père.

m. lefebvre, *s'adressant à Antoine.* — Comment! monsieur...?

antoine, *à Sagan.* — Il est d'une sévérité inouïe! On vient de toutes les parties de la France pour lui apporter des affaires; il n'en accepte que quelques-unes.

M. LEFEBVRE, *à Antoine*. — Mais est-ce bien de M. Fernand Lefebvre...?

ANTOINE, *à Sagan*. — Et, si votre droit n'est pas parfaitement établi, il est inutile de l'attendre.

SAGAN. — Oh! monsieur, s'il refuse, je suis ruiné! Il n'y a que lui dont l'invincible éloquence puisse porter la lumière dans l'âme des juges.

M. LEFEBVRE. — Savez-vous, messieurs, si mon neveu...?

SAGAN. — Quoi! monsieur serait l'oncle...?

M. LEFEBVRE. — Oui, monsieur, je suis l'oncle de M. Fernand Lefebvre, frère de son père, et m'appelant, comme lui, Lefebvre, de mon nom.

SAGAN. — Oh! monsieur, accordez-moi votre protection, et ma reconnaissance n'aura point de bornes; il s'agit, monsieur, de toute ma fortune qu'il dépend de votre neveu de me conserver. Au nom du ciel, monsieur, parlez pour moi!

M. LEFEBVRE. — Je ne refuse pas, monsieur, de dire quelques mots à mon neveu. Votre situation me touche vivement; mais je ne puis rien vous promettre sur le résultat; si votre affaire n'est pas juste... mon neveu...

ANTOINE HUGUET. — Monsieur, ne bougez pas, je vous en prie, ne bougez pas. C'est étonnant comme monsieur ressemble à l'empereur!

M. LEFEBVRE. — Comment?

ANTOINE. — Ne remuez pas, laissez-moi faire une esquisse.

SAGAN. — En effet, c'est frappant!

M. LEFEBVRE. — Mais...

ANTOINE. — Ne parlez pas; vous dérangez la bouche. Gargantua, quitte tout et fais le profil de monsieur..

M. Lefebvre voulut faire encore quelques observations ; mais Antoine Huguet lui dit impérieusement que ce serait une très-mauvaise grâce de sa part que de ne pas leur permettre de profiter d'un hasard qui leur offrait le plaisir de faire une esquisse parfaitement ressemblante du grand homme. M. Lefebvre, qui ressemblait beaucoup plus à Odry qu'à l'empereur, finit par céder et resta la tête droite, les yeux fixes, respirant à peine, tandis que Antoine Huget et Gargantua, sans s'occuper de lui davantage, continuaient tranquillement la besogne commencée. Au bout d'une mortelle demi-heure, M. Lefebvre se lève et se promène dans l'atelier.

Voyant que M. Lefebvre ne se décide pas à s'en aller, Antoine Huguet entonne une de ces chansons connues dans les ateliers sous le nom de *scies*.

Air : *Ah! vous dirais-je, maman?*

Quand trois poules vont aux champs,
La première va devant,
La seconde suit la première,
La troisième est la dernière.
Quand trois poules vont aux champs,
La première va devant,
La seconde suit la première,
La troisième est la dernière.

Quand trois poules vont aux champs,
La première, etc.

Et on continue toujours ainsi jusqu'à ce que la personne qu'on veut renvoyer prenne la fuite. M. Lefebvre ne s'en alla pas. Edgar Sagan entonna une autre *scie*.

Air :

Y avait quatre jeunes gens du quartier,
Y avait quatre jeunes gens du quartier,
Y avait quatre jeunes gens du quartier ;
Ils étaient tous les quatre malades,
Ils étaient tous les quatre malades,
Ades ades ;

On les conduit à l'hôpital,
On les conduit à l'hôpital,
Al al.

Ils demandèrent du bouillon,
Ils demandèrent du bouillon;
Mais il n'était ni chaud ni bon,
Mais il n'était ni chaud ni bon,
On on.

On les mit tous les quatre tête-bêche,
On les mit tous les quatre tête-bêche,
C'est l'ordinaire de la maison,
C'est l'ordinaire de la maison,
On on on on.
Ça commence à vous ennuyer,
Ça commence à vous ennuyer,
Er er.

Eh bien, je vais recommencer.
Y avait quatre jeunes gens du quartier,
Y avait quatre jeunes gens du quartier,
Y avait quatre jeunes gens du quartier;
Ils étaient tous les quatre malades...

Etc., etc.

A la troisième reprise d'une *scie* de ce genre, on tuerait volontiers son meilleur ami pour le faire taire.

M. Lefebvre ne bronchait pas à la onzième. Antoine Huguet prit la parole.

ANTOINE. — C'est M. Fernand Lefebvre que vous demandez?

M. LEFEBVRE. — M. Fernand Lefebvre.

ANTOINE. — Eh bien, il ne sera pas ici avant huit jours; il est à la campagne.

M. LEFEBVRE. — Pourquoi diable ne me disiez-vous pas cela tout de suite? C'est que je pars ce soir pour le Havre, où j'ai des affaires, et je ne reviendrai guère à Paris que dans un mois.

ANTOINE. — Il sera bien désolé!

M. LEFEBVRE. — Ce n'est donc qu'à mon retour que nous pourrons faire nos comptes... Du reste, je dois l'emmener avec moi pour des raisons qu'il connaît et que je lui expliquerai ultérieurement... Messieurs, je vous salue.

— Monsieur, nous sommes les vôtres.

Pendant que l'oncle Lefebvre posait pour le portrait de l'empereur Napoléon, Fernand était descendu avec Charles dans la rue. Ils attendirent en vain la voisine pendant une heure. Ils allaient quitter la place, quand Charles s'écrie :

— La voilà ! la voilà qui rentre ! Il paraît qu'elle était sortie pendant que nous descendions l'escalier.

FERNAND. — Allons, à ton poste !

Charles se détache, va près de la jeune voisine, et lui parle bas. Elle hâte le pas. Charles la suit toujours en parlant. Elle le prie de la laisser tranquille.

Alors Fernand arrive.

— Monsieur, qu'est-ce que c'est que d'insulter une femme dans la rue ? Je vous prie de laisser mademoiselle continuer tranquillement son chemin.

— Monsieur, je ne reçois pas d'ordres...

— Monsieur, vous voudrez bien cependant ne pas désobéir à celui que je vous donne.

— Monsieur, vous êtes un sot.

— Monsieur, voici ma carte.

— Voici la mienne, monsieur.

Charles se retire.

FERNAND. — Mademoiselle, décidément, ce quartier n'est pas sûr, et je vous demande la permission de vous offrir mon bras jusque chez vous.

La voisine s'incline et place sa main sur le bras de Fernand. Il y a vingt pas à faire. Fernand n'a presque pas eu le temps de parler. Cependant la voisine frappe à sa porte, et, là, elle salue gracieusement Fernand et lui fait entendre ces mots :

— Merci, monsieur Fernand.

Elle entre brusquement et ferme la porte.

Fernand reste entièrement pétrifié. Comment peut-elle savoir son nom ? D'autre part, cette voix ne lui était pas inconnue.

X

Le lendemain, Fernand reçut une lettre par la poste :

« Fernand, je suis près de vous, j'ai tout quitté pour ne pas trahir la foi que je vous ai jurée. J'ai abandonné mes parents et leur maison ; il y a un mois que je vous vois tous les jours ; le souvenir du quartier que vous m'avez désigné m'a fait choisir un logement dans votre rue ; le hasard me l'a fait prendre précisément en face de vos fenêtres. Depuis un mois, je passe ma vie à vous regarder quand vous êtes chez vous, à vous attendre quand vous n'y êtes pas. Mon amie d'enfance, Laure Lemault, près de laquelle je me suis d'abord réfugiée, a engagé toute sa famille dans nos intérêts ; son père a écrit au mien pour obtenir et mon pardon et son consentement à mon mariage avec vous. Ce consentement peut seul me rendre à mes parents et m'arracher au désespoir qui serait mon seul asile. La position honorable de M. Lemault et la chaleur de son intervention me donnent bon espoir. Jusque-là, mon Fernand, nous ne devons pas nous voir; on ne doit pas mal interpréter ma conduite. Je veux vous conserver une épouse digne de vous, et vous ne ferez rien pour me détourner de ma résolution. J'attends la réponse de mon père à M. Lemault; si elle est favorable, je retournerai dans ma famille, où vous viendrez me chercher ; si elle ne l'est pas, mon parti est pris. Si je ne suis pas à vous, je ne serai à personne.

» Hortense. »

Après son premier mouvement de joie d'avoir retrouvé Hortense, Fernand se sentit frémir en se rappelant comment il l'avait retrouvée. Il fouilla soigneusement dans sa mémoire s'il n'avait rien fait ni rien dit, la veille, qui pût le faire soupçonner ; il pensa avec effroi que c'était un grand hasard si, dans la distribution des rôles, il ne s'était pas trouvé chargé d'insulter Hortense et Charles de la protéger. Il lui répondit. Il espérait tout de l'avenir ; le hasard, qui les avait fait se rencontrer, puis se réunir, lui paraissait quelque chose de providentiel. Malgré le désir qu'il aurait eu de la voir, d'être près d'elle, d'entendre sa voix, surtout après une aussi longue absence, plus qu'une absence, puisqu'il l'avait crue perdue pour lui, il ne pouvait qu'approuver les scrupules d'Hortense, et il ne pouvait s'empêcher d'avouer que la retenue et la sévérité de l'amante augmenteraient encore l'amour réservé à l'épouse. Il ne sortirait plus de sa chambre maintenant pour être plus près d'elle : il espérait la voir quelquefois dans la journée au travers de ses rideaux. Suivait un serment solennel de ne pas se décourager, même par un refus du père, mais d'attendre et de lutter.

Les choses se passèrent ainsi que le désirait Hortense. Le matin de bonne heure, avant que Paris fût éveillé, à l'heure où l'on n'entend encore que le pas lourd des maçons qui vont à l'ouvrage, et le bruit strident des charrettes des laitières qui arrivent, les deux amants se disaient bonjour par leurs fenêtres. Tout le jour, ils travaillaient derrière ces mêmes fenêtres fermées, et ne se perdaient presque pas de vue. Le soir, vers dix heures, les fenêtres se rouvraient, et on osait se dire :

— Bonsoir ! bonne nuit !

Hortense attendait la lettre de son père à M. Lemault dans une extrême anxiété : c'était sa vie ou sa mort. Son sang, échauffé par toute l'agitation de son existence depuis qu'elle avait rencontré Fernand, augmentait l'exaltation naturelle de ses idées, que chaque jour de retard rendait de plus en plus sombres.

Pour Fernand, il voyait tout en rose, et ses lettres à Hortense ne parlaient que de leur bonheur.

Ce n'étaient que projets pour l'avenir, plans pour leur existense quand ils seraient mariés.

Parfois Hortense, quoiqu'elle crût moins que lui à un heureux résultat, se laissait entraîner par la confiance de Fernand, et tous deux alors, parlant de l'avenir, entraient tour à tour dans les détails les plus minutieux. Certes, jamais le bonheur n'eût trouvé de gens plus disposés et plus préparés à le recevoir. Toutes les questions plus ou moins importantes étaient discutées ; le meuble du salon serait cramoisi ; on *dînera* à six heures et demie ; deux domestiques et une cuisinière *seront* parfaitement suffisants. Pour ce qui regarde les enfants, les filles seront élevées à la maison ; Fernand veut que les fils soient mis au collége. **Leur tendre mère** veut les garder près d'elle. Après une discussion qui remplit plusieurs lettres, on finit par s'entendre au moyen de concessions mutuelles. Hortense gardera ses fils jusqu'à l'âge de douze ans. On *passera* tous les étés à la campagne ; il faudra demeurer sur le bord d'une rivière, avoir un grand jardin. Hortense veut avoir des pigeons ; Fernand craint que les pigeons ne fassent quelque dégât.

Mais Hortense rappelle les beaux pigeons blancs, protecteurs de leurs amours. A ce propos, elle raconte à Fernand le triste sort des deux pauvres pigeons. Fernand accorde les pigeons ; mais il sent un vif besoin de clouer sur la porte de la cour de sa future maison de campagne M. Quantin, comme on y cloue des belettes, des éperviers et des chauves-souris. Alors on se raconte toutes les tristesses, tous les désespoirs causés par l'absence. Fernand a été plus malheureux qu'Hortense : il se croyait oublié, abandonné. M. Quantin, auteur de ses chagrins, en sera puni tôt ou tard. Il est surpris que M. Quantin se permette encore de vivre après s'être ainsi oublié. Ce n'est que provisoirement qu'il le recommande à la justice divine.

Il fait une *Colombéide*, c'est-à dire deux cents vers sur les pigeons. Le poëme est terminé par une malédiction éloquente contre M. Quantin. Le poëte maudit M. Quantin, et le père et la mère qui lui ont donné le jour, et la nourrice qui lui a fourni le lait, et le bœuf de la peau duquel sont faites ses bottes, et le bottier qui les a faites, et les brebis dont la laine a fait le drap de ses habits, et la terre qui a produit le blé avec lequel on fait le pain qu'il a mangé, et le couteau qui a coupé ce pain, et celui qui l'a fait. L'air qu'il *expire,* après l'avoir respiré, répand sur la terre la famine, la peste et la guerre !

Dans d'autres moments, Hortense, exaltée, écrivait à son amant que, s'ils ne pouvaient être unis, elle mourrait. Fernand répondait qu'il était parfaitement prêt à mourir avec elle.

— Est-ce bien vrai? demandait Hortense.

— Je le jure par mon amour! répliquait Fernand.

Un soir, un commissionnaire apporta à Hortense une lettre sur l'adresse de laquelle il y avait écrit : « Très-pressée. » C'était l'écriture de Laure Lemault.

« Ma chère Hortense, je n'ai que de mauvaises nouvelles à te donner. Ton père est à Paris... »

Hortense laissa échapper la lettre et fut quelques instants sans pouvoir continuer sa lecture. Ses mains tremblaient, un brouillard devant ses yeux l'empêchait de distinguer les caractères.

« Il est arrivé fort ému et a demandé à parler à mon père. Leur conversation a été très-longue et très-animée... Malgré que j'écoutasse près d'une cloison, je n'en ai pu saisir que quelques mots. Ton père parlait plus haut que le mien ; il aimerait mieux te voir morte que de manquer à une promesse sacrée faite à son ami mourant. Il était venu pour tuer ton amant et te tuer toi-même si ta faute était plus grave qu'il ne le croyait. Mon père lui a fait de très-beaux discours sur les malheurs qui suivraient un mariage forcé. Ce qu'il a promis à son ami, c'est de contribuer au bonheur du fils qu'il laissait. Mais croit-il que, si cet ami existait ou revenait au monde, il voulût donner à son fils une femme éprise d'un autre homme ? Ce qu'il appelle fidélité à sa promesse n'est-il pas, au contraire, une trahison pour son ami mort ?... N'aura-t-il pas à lui demander compte de la vie de chagrins, de haines, d'ennuis de toutes sortes, à laquelle il condamnera le fils qu'il lui avait recommandé ?

» Ton père a été inflexible ; il a exigé de mon père qu'il lui dît où tu te cachais. Mon père a hésité. Ton père alors s'est emporté, a parlé de procureur du roi, de détournement de mineure, d'une complicité, etc.

» Mon père alors a dit :

» —Monsieur, je désire ne plus avoir aucune occasion de me rencontrer avec un homme aussi ridiculement violent ; ma fille seule sait l'adresse de la vôtre. Je vais la faire descendre.

» Il a sonné, et un domestique s'est mis à me chercher dans toute la maison. Je l'ai envoyé dire à mon père que j'étais sortie avec ma mère. Alors mon père a dit au tien :

» —Aussitôt que ma fille sera rentrée, je vous enverrai l'adresse de mademoiselle Hortense.

» Ton père est parti en exhalant contre toi les plus affreuses menaces. Je t'écris en toute hâte pendant que mon père, que je n'ai pu fléchir, envoie ton adresse au plus opiniâtre *auteur de jours* que j'aie jamais imaginé. Il faut que tu te caches : tu n'as peut-être pas d'argent; je t'envoie quelques louis de mes économies. Fais-moi savoir le lieu de ta retraite. Je vais prier Dieu pour toi, ma pauvre Hortense.

» Laure Lemault. »

Hortense, en proie à la frayeur la plus violente et à un horrible désespoir, voulait s'enfuir tout de suite ; mais, la nuit, seule, où aller ? Elle attendit le jour. Elle s'endormit de fatigue, et, le matin, une femme qui la servait la trouva en proie à une fièvre violente. Une seconde lettre qu'elle reçut n'était pas faite pour la calmer ; elle était de son père. La veille au soir, en descendant un escalier, il s'était foulé une jambe ; sans cela, il serait allé la chercher dans l'asile où elle cachait sa honte. Cet accident l'empêchait de se lever. Elle devait donc profiter de ce délai, que le hasard lui offrait. Il lui ordonnait de suivre le commissionnaire, de venir le trouver à son hôtel. Si elle hésitait, il se ferait porter dans une chaise à porteurs, il tuerait son suborneur.

Hortense renvoya le commissionnaire et dit qu'elle allait répondre. Elle demanda une plume et du papier, et écrivit avec une rapidité incroyable une trentaine de lignes. Jamais cette plume n'avait eu un mouvement aussi rapide, même quand l'oiseau qui la portait traversait les mers pour chercher des climats plus doux.

Elle dit à sa servante qu'elle voulait s'habiller. Elle avait le teint animé, les yeux étincelants. Cette fille lui fit quelques observations.

— Mademoiselle est trop malade, elle ferait mieux de rester au lit.

Hortense parut céder, écrivit une lettre pour Laure et chargea la servante de la porter.

— Vous porterez ensuite celle-ci à son adresse; c'est pour mon père. Elle ne doit arriver que dans une heure et demie.

— Est-ce que mademoiselle va rester seule, malade comme elle l'est?

— Envoyez-moi la portière.

— Mademoiselle n'aimerait pas mieux qu'on envoyât cette lettre par un commissionnaire?

— Non, il faut que vous la portiez vous-même. Envoyez-moi la portière.

La servante est partie, la portière monte.

— Aidez-moi à m'habiller. Une robe blanche dans le tiroir d'en haut.

— Celle-ci?

— Non, une autre plus belle.

— Mademoiselle va sortir?

— Oui, je vais chercher mon père. Le mariage est décidé.

— Quel mariage?

— Ah! vous ne savez pas... mon mariage avec Fernand.

— Mademoiselle est malade, elle ferait mieux de se coucher.

— Moi, malade? Jamais je ne me suis mieux portée, jamais je n'ai été aussi heureuse. Vous allez aller chez un traiteur : vous direz qu'on m'apporte ce que j'écris sur ce papier, tout de suite; allez vite. Ah! vous m'apporterez aussi ce que je mets en note ici.

Seule, Hortense se jette à genoux, pleure, prie Dieu, brûle toutes les lettres de Fernand, son trésor. On revient, on lui apporte ce qu'elle a demandé. Elle prie qu'on la laisse seule. Un quart d'heure après, elle demande un commissionnaire et une voiture ; elle envoie chez Fernand le dîner qu'on lui apporte, et elle-même traverse la rue, renvoie la voiture, arrive avec le commissionnaire, monte, frappe ; Fernand ouvre.

— Hortense !

Le visage d'Hortense, si animé tout à l'heure, devient pâle comme celui d'une morte ; ses yeux seuls semblent lancer du feu.

— Oui, c'est Hortense. Écoutez-moi ; nous ne pouvons passer ainsi notre vie. C'est aujourd'hui que doit commencer notre bonheur.

— Mon Dieu ! Hortense, qu'avez-vous donc ?

Vous êtes pâle ; un tremblement convulsif agite vos membres.

— Ah ! je suis heureuse ! Nous allons être unis pour jamais !

— Comment ! votre père a consenti ?...

— Non. Mais qu'importe ? J'ai apporté le repas de noces. Allumez des bougies ; donnez-moi une glace, que je mette dans mes cheveux le bouquet de fleurs d'oranger. Trouvez-vous qu'il me va bien ?

— Vous êtes plus belle que je ne vous ai jamais vue.

—Ah ! tant mieux ! Eh bien, vous ne me verrez jamais plus belle que cela. Mettez un autre habit, votre plus beau.

— Pourquoi ? que voulez-vous faire ?

— Vous le verrez.

Fernand va quelques instants dans une autre

pièce ; quand il rentre, le couvert est mis sur une petite table.

— Ah ! vous êtes bien plus beau comme cela. Écoutez-moi. On ne veut pas nous bénir ; c'est Dieu qui nous bénira. Mettez-vous à genoux près de moi ; tenez cet anneau. Vous me prenez pour épouse ?

— Oh ! oui.

— Et, moi, je prends Fernand pour époux. O mon Dieu, bénissez notre union !... Mettez-moi l'anneau à la main. Nous voilà mariés. Conduisez-moi à la table du festin.

On mange, on boit, ou plutôt on ne mange ni ne boit guère.

Fernand prend une bouteille pour verser du vin.

— Non, pas celui-là, pas encore, c'est pour le *dessert ;* c'est pour porter la santé des époux ;

c'est le dernier que nous boirons. Vous ne mangez pas de fruits?

— Non.

— Eh bien... Oh! il y a quelque chose que je ne vous ai pas encore dit. Il s'agissait d'avoir quelques heures de ce bonheur ou de traîner une longue existence dans le désespoir. J'ai choisi les quelques heures de bonheur, et j'ai choisi pour vous et pour moi.

— Comment, Hortense? Mais je ne vous comprends pas.

— Vous allez me comprendre. Voici ce que c'est : mon père est à Paris.

— Ah!

— Il refuse son consentement; il vous cherche pour vous tuer. Moi, il veut m'enfermer dans un couvent, où je mourrais lentement de désespoir : nous serions séparés pour toujours. J'ai mieux aimé venir auprès de vous. Dans deux heures, il sera ici ; je lui ai envoyé l'adresse avec une lettre où il y a :

« J'ai l'honneur de vous faire part du mariage et de la mort de votre fille Hortense avec M. Fernand, peintre, demeurant rue ... n° ... »

— Mon Hortense, mon amie, calmez-vous !

— Pourquoi ne m'appelez vous pas votre femme ?

— Ma femme, je t'en prie, calme-toi ; tes paroles ont un désordre !...

— Mais non, tout cela est très-raisonnable, je t'assure : je suis ta femme. N'est-ce donc pas assez qu'une seconde de ce bonheur, et ne pouvons-nous pas l'acheter de toute notre vie, d'une vie surtout que nous passerions séparés et malheureux ! Nous allons mourir ; ce vin est empoisonné.

— Hortense, tu es folle !

— Non ! c'est vous qui êtes lâche ! Si nous vivons, nous sommes séparés. Il vaut mieux mourir ; si vous préférez la vie, si vous n'osez mourir avec moi, je mourrai seule avec ma couronne de fleurs d'oranger !...

Et, plus rapide que la pensée, Hortense s'était précipitée sur la fenêtre, l'avait ouverte, et s'élançait. Fernand la retint dans ses bras et referma la fenêtre.

— Hortense !... mon amie !...

— Il n'ose pas m'appeler sa femme ! Tu mentais donc quand tu me disais que tu mourrais si nous n'étions pas unis ? Tu mentais !....

— Mon Hortense ! calme-toi, tout espoir n'est pas perdu.

— Tout est perdu, car je me tuerai seule ; ce que j'ai fait, ma présence ici me déshonore si je ne meurs pas. Avez-vous donc pensé un moment que, sans la mort pour me réfugier, j'aurais jamais pu venir ici? Mais vous n'osez pas!

— Hortense, le ciel m'est témoin que c'est toi que je veux sauver.

— Me sauver est impossible; ma mort est décidée!

Elle prend la bouteille et emplit un verre.

— Écoute! buvons, et nous mourrons ensemble... dans une heure, peut-être plus tard. Une heure! Mon Dieu, trouves-tu donc que c'est trop cher que la payer de tout le reste d'une vie pleine de désespoir?

— Hortense, tu as raison; toute la vie pour une heure! Donne, donne; je veux boire le premier!

— Écoute-moi, dit Hortense arrêtant la main

que Fernand avançait pour prendre le verre, écoute-moi ; dis-moi que tu es heureux comme moi. L'autre vie est un asile que Dieu a ouvert à tous les malheureux ; nous allons nous y réfugier, et, là, nous aurons le bonheur que nous n'avons pas trouvé ici-bas. Dans une heure, si mon cœur ne me trompe pas, si ce que nous apprend la religion de la justice et de la clémence divine n'est pas un mensonge, nous jouirons ensemble d'une vie immortelle ; mais, si l'on nous a trompés, si tout finit à la tombe, je ne regrette rien en mourant : cette heure que nous avons à nous renferme plus de bonheur que ne nous en promettait l'existence la plus longue tout entière.

Fernand passa son bras autour de la taille d'Hortense, qui laissa tomber sa charmante tête sur l'épaule de son amant ; puis il prit le verre de l'autre main.

A ce moment, des coups violents ébranlèrent la porte de la chambre de Fernand. Fernand se précipita vers la porte ; mais, au moment où il en approchait, elle céda aux coups redoublés dont on la frappait, et elle tomba en éclats. Un homme, soutenu par une domestique, s'élança dans la chambre en s'écriant :

— Ma fille ! ma fille ! Où est ma fille ?

Puis il tomba dans un fauteuil.

Hortense s'écria :

— Mon père !

Et elle se jeta à ses genoux, puis dans ses bras, et fondit en larmes.

A ce moment arriva l'habit marron, connu sous le nom de M. Lefebvre.

— Ah çà ! quel bruit ! que se passe-t-il chez toi, mon neveu ? Diable ! une jeune fille et... Comment ! c'est vous, monsieur Delaunay ?

— C'est vous, monsieur Lefebvre? que faites-vous ici? par quel hasard?...

— Mais vous?... cette belle demoiselle qui pleure?...

— Ah! monsieur Lefebvre, tout est perdu! la malheureuse me déshonore, et je ne peux plus tenir à mon pauvre ami la parole que je lui avais donnée quand il est mort.

— Mais comment est-elle ici?

— Oh! je la croyais morte!... Mais où est le scélérat qui déshonore toute ma famille?

— Vous ne me répondez pas. Comment, vous et votre fille, vous trouvez-vous ici?

— Ah! monsieur Lefebvre, Dieu m'est témoin que je voulais la tenir, cette promesse sacrée; mais maintenant!... Ah! dites-le bien à votre neveu...

— Dites-le-lui vous-même...

— Comment ?

— Où croyez-vous être ?

— Chez un fourbe ! chez un infâme !

— Si c'est là l'opinion que vous avez du maître de la maison, je ne m'étonne plus si mon neveu ne s'empresse pas de vous en faire les honneurs.

— Non, je ne tromperai pas un jeune homme bon et honnête ; je ne lui donnerai pas pour femme une malheureuse...

— Monsieur Delaunay, êtes-vous fou ?

— J'ai bien assez de chagrin pour cela.

— Mais, tout à l'heure, mon neveu était un fourbe et un infâme ; maintenant, c'est un bon, un excellent jeune homme !

— Monsieur Lefebvre, c'est vous qui êtes fou !.. Ma fille est ici... ici... chez un homme !...

— Eh bien, parbleu! chez mon neveu!

— Comment! votre neveu?

— Que voici.

— Votre neveu! Fernand Lefebvre?

— Lui-même. Le fils de mon frère, de votre bon ami; celui auquel votre fille est destinée depuis longtemps.

Hortense, dans les bras de son père, pleurait, riait.

— Oh! mon père, c'était donc lui!

FIN.

SANS SE VOIR

A MEIFRED

On n'entendait plus le bruit des portes, celui des voitures même allait cesser. Dans un salon, éclairé par un grand nombre de bougies aux deux tiers consumées, devant les restes d'un grand feu, se trouvaient encore assises deux personnes, une femme d'à peu près trente ans, et un jeune homme qui paraissait compter quelques années de moins.

— Il est une malédiction, dit la baronne, que j'ai eu souvent occasion de répéter dans ma vie.

— J'espère, madame, que ce n'est pas contre les précepteurs.

— Non, Raoul; c'est contre les gens qui, sortant d'un bal à deux heures du matin, entraînent dans leur fuite toute une société. Quand on fait tant que de rester à danser jusqu'à deux heures, ce n'est pas un reste de nuit, dans un lit où l'on ne fera que se retourner sans dormir, qui vaut la privation que l'on s'impose. A coup sûr, je vais rester au moins deux heures sans pouvoir trouver le sommeil. Ne vous retirez pas encore; mes enfants sont fatigués, et je leur ai permis de se lever tard; le professeur pourra donc en faire autant. Avez-vous quelque histoire à me raconter? ou plutôt répondez à une question que me suggère votre attention à examiner les différentes femmes qui étaient ici il y a un quart d'heure. De toutes les femmes que vous avez jamais connues, quelle est celle que vous avez trouvée la plus jolie?

— Est-ce sans vous compter, madame?

— Sans me compter, monsieur.

— Alors c'est une femme que je n'ai jamais vue.

— Voilà une étrange folie.

— Pas si étrange : je juge de la beauté, non par les proportions mathématiques du corps et du visage, mais par l'effet qu'elle produit, et, des quelques amours que j'ai pu avoir jusqu'ici, le plus passionné, le plus véhément, le plus poétique, est, sans contredit, celui que m'a inspiré une femme dont je n'ai jamais vu seulement le bout du pied.

— Même en comptant cette femme vêtue de bleu, que je vous ai envoyé engager à danser.

— Celle dont vous m'aviez d'avance vanté la beauté?

— Précisément.

— Je ne l'ai pas vue. Quand j'ai voulu m'approcher d'elle à travers les groupes de danseurs, elle passait dans un autre salon, donnant la main à un homme plus heureux.

— Ou plus leste.

— Et je n'ai vu que les derniers plis de cette robe bleue par laquelle vous me la désigniez.

— Contez-moi votre histoire, Raoul. Est-elle longue?

— Je ne puis le dire d'avance. Si la mémoire seule est en jeu, elle sera courte, car il y a peu d'incidents et de péripéties ; mais, s'il se réveille, en parlant, un souvenir un peu vif, je ne puis répondre de rien.

— N'importe : si elle m'amuse, elle charmera mon insomnie ; si elle m'ennuie, elle m'endormira.

— Ainsi, de toute manière, je suis certain de me concilier la bienveillance de mon auditoire. C'est une position trop rare et trop belle pour n'en pas profiter. Je commence.

— Sonnez, pour qu'on jette du bois au feu.

— J'en vais mettre moi-même.

— Vous êtes un adroit orateur; vous craignez que la présence momentanée d'un domestique n'interrompe les dispositions favorables où je suis pour entendre votre récit, et ne trouble mon recueillement. Vous ai-je deviné?

— Je ne suis pas forcé de l'avouer. Je pourrais dire que les domestiques sont fatigués, et me parer d'une intention philanthropique.

— Nous avons, vous et moi, trop d'esprit pour croire à la philanthropie. Commencez.

— J'avais vingt ans...

— Je m'en étais doutée.

— Pourquoi?

— Parce que c'est le seul âge où l'on se livre à ces passions aussi irréfléchies, aussi romanesques, aussi extravagantes.

— Dites aussi vraies, aussi nobles, aussi pures. Si les femmes savaient quel trésor d'amour renferme le cœur d'un homme de vingt ans pour la première femme qu'il aimera; si elles voyaient bien tout ce qu'il y a de dévouement, d'idolâtrie dans un pareil amour; si elles savaient qu'elles sont pour cet homme la vie avec toutes ses délices, le paradis avec ses joies mystérieuses; si elles savaient qu'il concentre alors sur elles toutes les passions humaines : la gloire est pour lui d'être aimé d'elles; l'ambition, de baiser leurs cheveux; l'avarice, de conserver une première lettre à demi effacée par les baisers; mais elles se laissent, dans leur sot mépris pour ce jeune homme, dans leur plus sotte préférence pour des êtres abrutis et blasés, elles se laissent enlever ce premier amour par des grisettes ou des femmes de chambre. C'est sur le fumier que fleurit cette rose aux parfums enivrants.

— Votre digression n'est pas sans réplique, ô professeur de grec : d'abord, ce premier amour, dont vous faites un tableau assez attrayant, il n'est pas donné à toutes les âmes de le sentir. Quelques organisations seules, richement dotées par la nature, en sont susceptibles ; et, d'ailleurs, croyez-vous qu'il n'est pas un peu humiliant pour une femme d'être adorée pour des charmes qu'elle n'a pas, louée pour des perfections imaginaires ; de n'être qu'un miroir où se reflètent les brillantes rêveries de son amant ; d'être pour lui ce qu'étaient pour les Gaulois ces vieux troncs hideux auxquels ils appendaient tant de manteaux de pourpre, tant d'aigles romaines, tant d'anneaux d'or arrachés aux doigts des chevaliers, qu'on finissait par confondre dans une même admiration et le tronc informe et les riches dépouilles dont il était couvert!

» Croyez-moi, il est plus doux et plus sûr d'être aimée telle que l'on est, d'être aimée pour sa beauté et pour ses qualités, et non d'être simplement la toile que l'enthousiaste charge de brillantes couleurs. Voyez de près combien sont, le plus souvent, indignes les objets des plus violentes passions, et vous serez convaincu que l'on n'adore les femmes que faute de les pouvoir aimer.

— Regardez en arrière, madame, et vous serez persuadée qu'il n'y a de beau et de bon, dans la vie humaine, que ce qui n'y est réellemen pas. Les illusions sont la plus grande richesse de l'homme; et, d'ailleurs, avant de les rejeter, il faudrait, et l'essai vous montrerait si la chose est facile, il faudrait bien savoir si ce qu'on leur substituerait serait plus vrai et plus positif; si les fruits sont plus réels que les fleurs, et s'il est bon de désirer que le vent fasse tomber sur la terre en neige odorante les pétales des fleurs, pour que les fruits se forment plus vite. Non, ce ne sont pas des illusions peut-être : ces charmes que l'âme vous prête, vous les avez réellement; cet amour si puissant sur celui qui l'éprouve, a une influence aussi forte sur celle qui l'inspire, et, si nous vous voyons à une si grande hauteur, c'est que notre amour vous a réellement élevées et grandies.

— Probablement, vous aurez encore bien des choses à répondre; mais je craindrais un amour qui m'élèverait sur un piédestal dont je n'oserais descendre sans risquer de me rompre le cou. Commencez-vous votre histoire?

Raoul commença.

— J'étais depuis quelques mois sur les côtes de la Bretagne. Donné pour précepteur aux deux jeunes fils du dernier membre d'une grande famille qui tire son origine de l'Armorique, j'avais suivi mon patron avec plaisir dans sa résidence d'été. C'était une belle maison un peu en ruine, mais pittoresque, et si près de la mer, que le vent qui soufflait du large venait quelquefois apporter sur les lèvres une saveur salée. La journée était entièrement consacrée aux études de mes élèves et à quelques promenades que nous faisions sur le bord de la mer. Le soir, je jouais aux échecs avec le père, et nous buvions du punch.

» Un soir que j'en avais bu plus que de coutume, il me fut impossible de dormir, et je descendis dans le jardin. Comme je goûtais le calme et la fraîcheur de la nuit, j'entendis tout à coup une douce voix de femme qui chantait sur un air simple et monotone un chant que j'avais quelquefois entendu fredonner par les habitants des côtes. Ce chant n'est ni harmonieux ni poétique, mais il est naïf et bizarre.

Mouettes blanches,
N'avez-vous pas vu
Flotter les planches
D'un vaisseau perdu ?
J'ai promis à ma femme
Un large ruban
Rouge comme une flamme
Pour parer son enfant.

Le vent a détruit
Ma pauvre toiture,
Et dans ma masure
Il a plu toute la nuit.

Les douaniers m'ont pris
Ma poudre et mes fusils ;

Ils m'ont pris mon filet
Qui séchait sur le galet.
Dans tes algues vertes,
Mer, apporte-moi
Aux plages désertes.
Du bois pour mon toit,

De la poudre sèche,
Un fusil damasquiné,
Des filets pour la pêche,
Un ruban pour mon nouveau-né.

» Je cherchai longtemps, en vain, sans réussir, à voir d'où sortait cette voix qui paraissait — et sa douceur contribuait à l'illusion, — tomber, sinon du ciel, du moins des arbres qui, hauts et touffus, masquaient la muraille qui terminait le jardin. Enfin j'aperçus une lumière à une petite fenêtre masquée par le feuillage. Elle appartenait sans aucun doute à une maison adossée à une muraille : cette maison était habitée par deux femmes seules avec quelques domestiques. La voix cessa, et la lumière s'éteignit. Je restai encore quelque temps dans le jardin sous une impression magique. La nuit, j'eus beaucoup de peine à m'endormir. Le lendemain matin, je ne pensais plus à rien.

» Le soir, cependant, le crépuscule me rappela la petite fenêtre et la voix, et, sitôt que j'eus fini ma partie d'échecs, je descendis au jardin. Il y avait une lumière à la fenêtre, et cette lumière à travers les feuilles, semblait un ver luisant dans l'herbe. Mais on ne chanta pas. Mon esprit se perdit en de vagues rêveries ; je cherchai à me représenter en imagination l'hôtesse de la petite chambre. Elle doit être jeune : c'était la seule conséquence que la voix me permît de tirer positivement.

» Quelques jours encore se passèrent pendant lesquels je m'occupai un peu plus de mon rêve qu'il ne convenait à ma tranquillité. Un jour, comme je me promenais avec mes élèves et mon fusil au bord de la mer, je vis passer près de nous un enfant qui venait quelquefois vendre des fruits à la maison. Je l'appelai, et le hasard ou le désœuvrement fit que je lui demandai d'où il venait.

» — Je viens de faire de longues courses inutiles : mademoiselle Pauline est bien fâchée de ne pas avoir de fleurs pour la fête de sa mère; mais le vent du nord, qui a soufflé ces jours derniers, a tout desséché dans les jardins.

» — Et qui est mademoiselle Pauline? demandai-je.

» — C'est votre voisine : une bien bonne demoiselle, et jolie comme les anges! Elle m'apprend à lire et à écrire, pour que je puisse, un jour, être clerc, et elle me paye généreusement mes commissions:... Ma curiosité était trop piquée pour que je ne fisse pas d'autres questions. J'appris que ces dames ne sortaient jamais ; que la petite fenêtre dans les feuilles appartenait à la chambre de mademoiselle Pauline, et qu'après en être sortie le matin, elle n'y rentrait plus que le soir pour se livrer au repos. Je passai le reste de la promenade fort préoccupé. Quand mes élèves furent rentrés, je m'acheminai vers un jardin assez éloigné que je connaissais pour être toujours garni de fleurs, à cause du soin que prenait le propriétaire de l'abriter contre certains vents de la mer.

» La nuit, quand je me fus bien persuadé que tout le monde reposait, je grimpai dans un des arbres, et je sentis mon cœur battre bien violemment quand j'approchai de la fenêtre ; elle était fermée et pleine d'obscurité. J'attachai une botte de fleurs à un des barreaux, et je descendis, un peu froissé et écorché.

» Je n'osai me trouver au jardin au moment où elle verrait les fleurs ; seulement, je m'aperçus dans la journée que les fleurs n'y étaient plus.

» Bientôt j'attirai près de moi le petit commissionnaire ; j'étais heureux de causer avec quelqu'un qui l'avait vue, qui avait entendu sa voix. Je voulus aussi lui montrer quelque chose, et je lui donnai des leçons d'arithmétique. Peu de temps après que j'eus commencé, il me dit :

» — Mademoiselle Pauline est très-contente ue j'apprenne à compter ; elle m'a dit d'être reconnaissant pour vos soins.

» Comme je vis par là qu'il avait parlé de moi, je n'osai plus trop faire de questions sur ma voisine. Un jour, cependant, le petit Louis avait un ruban bleu dont il se parait avec orgueil : il me dit que ce ruban lui avait été donné par mademoiselle Pauline. Je lui offris une pièce de monnaie en retour; mais il refusa obstinément de s'en dessaisir. Seulement, je conclus du ruban qu'elle devait être blonde. Tout cela m'intéressait plus que je ne saurais dire.

» Un soir, le soleil s'était couché dans un horizon rayé de longues bandes rouges, le vent du sud-ouest s'était mis à souffler avec violence, et la mer paraissait sourdement agitée dans ses profondeurs. Elle s'élevait à l'horizon, et semblait s'avancer en longues lames sur la terre pour l'engloutir. Enfin la plus affreuse tempête se déclara. Tout le pays était dans une grande agitation : plusieurs bateaux étaient sortis pour la pêche le jour précédent, et n'étaient pas encore rentrés. Les femmes et les enfants étaient sur la plage, et interrogeaient en vain l'horizon. Un christ de bois, près de l'église, était entouré de gens à genoux. Enfin on aperçut, dans la teinte jaune que le soleil couché laissait encore à l'horizon, les voiles qui dessinaient en noir les deux bateaux que l'on attendait.

» Je rentrai à ce moment à la maison, pour ne pas manquer l'heure à laquelle je voyais la lumière dans les feuilles. La chambre était éclairée ; j'entendis la douce voix :

» — Geneviève, disait-elle, demain matin, sitôt que tu seras réveillée, viens me dire s'il n'est pas arrivé quelque malheur. Cette tempête m'épouvante !...

» Puis j'entendis une porte se fermer, et, à la lueur moins forte, je vis qu'on avait enlevé une des lumières. Peu après, j'entendis qu'on faisait une prière à la Vierge, la protectrice des marins. J'écoutai religieusement, et je priai avec elle.

» Puis je retournai au bord de la mer : les deux bateaux n'étaient plus qu'à deux portées de fusil de la côte ; mais la mer brisait avec une telle fureur, que les pêcheurs, comme il était facile de le voir à leurs manœuvres, faisaient tous leurs efforts pour n'y être pas jetés.

» Il y eut un moment où le vent cessa de siffler, et où l'on n'entendit plus qu'un grondement sourd et lointain ; et, au large, la mer s'éleva comme une montagne, elle semblait toucher le ciel ; puis cette immense lame se brisa en blanchissant, et vint en roulant vers la côte. Un cri de désespoir s'éleva du rivage. Les deux bateaux s'élevèrent sur la lame et disparurent aux yeux.

» Puis bientôt on les revit, mais à moitié détruits. Outre le coup de lame, ils s'étaient entrechoqués et brisés l'un contre l'autre. La lame les entraîna et les jeta au rivage, puis courut loin sur la grève ; mais, en retournant, elle reprit les bateaux et les ramena à quelque distance. Une seconde lame cependant s'était élevée, et vint les rejeter à la côte, où ils furent entièrement mis en pièces. Les pêcheurs, à l'exception d'un homme et d'un enfant, furent sauvés.

» Au milieu de cette scène de désolation, ma pensée dominante avait été ma voisine. J'aurais voulu qu'il se présentât une occasion de me dévouer utilement. J'étais amoureux, mais de cet amour des âmes nobles, de cet amour qui agrandit et élève, et donne comme un besoin d'héroïsme. La mer apporta le corps de l'enfant : tout le monde le croyait mort ; je crus m'apercevoir qu'il y avait encore en lui quelques restes d'existence, et je m'empressai de lui donner des soins, faute desquels l'ignorance l'aurait laissé périr. J'eus le bonheur de le rappeler à la vie.

La mère ne prit pas le temps de me remercier, et emporta son enfant. Pour moi, je rentrai au jardin; j'écrivis à la hâte sur un morceau de papier : *La tempête a brisé les deux bateaux. Tous les hommes sont sauvés, à l'exception de Jacques.*

» Puis je grimpai attacher mon écrit au barreau de la fenêtre.

» Le lendemain, comme, vers la brune, je me promenais dans le jardin, plusieurs personnes y entrèrent tout à coup, me prirent dans leurs bras, et me comblèrent de caresses : c'étaient les parents de l'enfant que mes soins avaient rappelé à la vie. Je fus ému de cette reconnaissance, et, par un mouvement naturel et instinctif, je me retournai vers la petite fenêtre; j'y vis un mouvement comme de quelqu'un qui se retire précipitamment. Pauline m'avait vu : mon cœur se dilata délicieusement.

» Le jour d'après, c'était vers le milieu de la journée, la fenêtre était ouverte ; je montai dans l'arbre, et je pus voir la chambre ; elle était meublée simplement. Je vis en frissonnant un lit bien blanc, le tapis sur lequel elle marchait, et les pantoufles de maroquin qui avaient renfermé ses petits pieds. Je tirais une induction de tout, de la grandeur des pantoufles et de celle d'une paire de gants oubliée sur une table. Je vous laisse à penser quelle fut ma joie lorsque je trouvai après les barreaux de la fenêtre deux longs cheveux qu'elle avait sans doute arrachés en se retirant la veille si précipitamment...

— Et, dit ici l'auditoire, ces deux cheveux étaient blonds et singulièrement fins ?

Raoul s'arrêta un moment, regarda l'interruptrice avec l'air d'un profond étonnement ; puis songeant qu'il n'y avait dans ces paroles rien qui ne pût être supposé, et ne s'appliquât à toute description d'héroïne de roman, il continua en ouvrant une bague :

— Ces deux cheveux, les voici, ils ne m'ont jamais quitté.

» Je ne tardai pas à revoir le petit Louis. Pauline lui avait fait quelques questions sur moi : elle avait vu la reconnaissance des pêcheurs ; elle s'était fait raconter l'action bien simple qui me l'avait méritée, et elle avait dit :

» — En voyant la joie de ces bonnes gens, je n'ai pu m'empêcher de pleurer.

» Larmes précieuses ! J'aurais donné la moitié de mon sang pour posséder le mouchoir qui les avait essuyées.

» — Je m'en vais, dit le petit Louis, car mademoiselle Pauline peut avoir besoin de moi ; elle doit être rentrée.

» — Rentrée ! m'écriai-je ; est-elle donc sortie?

» — Oui, elle est allée à la messe avec sa mère.

» Je me précipitai dehors, et je courus vers l'église. Louis me suivit; mais, au moment même ou nous sortions, il me montra de loin deux femmes qui rentraient.

» — Les voilà.

» Je ne vis que les plis de la robe blanche de celle qui entrait la première. Louis me dit :

» — C'est elle !

» Et il alla la rejoindre. Pour moi, je rentrai tristement.

» Un autre jour que Louis avait laissé percer le désir d'avoir un *bel habit* pour une fête prochaine, je lui fis faire mystérieusement un costume fort propre que Pauline trouva dans sa chambre avec un mot d'écrit annonçant qu'il était destiné à Louis. Un soir, la lumière ne parut pas dans la chambre; et je sus, le lendemain, que mère de Pauline était fort malade, que l'on allait envoyer chercher un médecin à la ville voisine. Je montai aussitôt à cheval; j'arrivai bientôt chez le médecin, auquel je donnai mo cheval, et je revins à pied. Il était auprès de la malade, que le messager n'était pas à moitié route pour se rendre chez lui.

» La mère fut longtemps malade; mais on ne permettait que rarement à Pauline de passer les nuits auprès d'elle. Elle trouvait toujours dans sa chambre tout ce qu'elle avait désiré dans la journée, tout ce qui pouvait être agréable à la malade. J'interrogeai le médecin; il me dit qu'il n'y avait plus d'espoir, que la maladie pourrait encore traîner un mois, mais que la mère de Pauline ne pourrait aller plus loin.

» Alors je fus plongé dans le plus noir chagrin; je me représentai à l'avance le désespoir de la pauvre fille, son abandon, son isolement. Rien ne me donnait le droit de l'aller consoler et soutenir, en ces moments de deuil et de désolation que chaque jour approchait d'elle.

» Il advint qu'un jour, comme je causais avec le médecin, un homme qui sortait de chez le père de mes élèves, après une visite de quelques jours, et qu'une chaise de poste attendait à la porte, s'arrêta, parut nous écouter avec attention. Quand le médecin fut parti, il s'approcha de moi et me dit :

» — Ce médecin est un ignorant qui tue sa malade, tandis qu'une saignée la tirerait d'affaire.

» — O monsieur, lui dis-je en joignant les mains, allez chez elle, et sauvez-la !

» — Je ne le puis, me dit-il ; je suis médecin, et ne puis aller sur les brisées d'un confrère. D'ailleurs, un quart d'heure de retard me ferait manquer une affaire qui cause mon départ, et menace toute ma fortune et celle de mes enfants. Tâchez que votre frater saigne la malade, et tout ira bien.

» — Monsieur, lui dis-je, en êtes-vous bien sûr?

» — Monsieur, me répondit-il, il y a quarante ans que je suis médecin; jamais je n'ai prononcé avec plus de certitude et de confiance.

» Il partit.

» J'attachai un écrit au barreau de la fenêtre : « Au nom du ciel! exigez qu'on saigne votre » mère; un médecin d'un grand talent m'a pro- » mis qu'une saignée la sauverait. »

» Je fus trois jours sans entendre parler de rien, en proie à la plus véhémente anxiété. Le quatrième jour, je crus être fou en voyant mon papier encore attaché au barreau. Cependant il avait été enlevé. Que s'est-il passé?

» Je m'empressai de le reprendre : ce n'était pas mon écrit, c'était un autre papier sur lequel il y avait : *Sylphe ou ange, merci!*

» C'était elle. Sa mère était sauvée ; elle avait senti le besoin de m'en témoigner sa reconnaissance.

» Peu de temps après, je fus obligé de faire un voyage de huit jours. A mon retour, la mère et la fille avaient quitté le pays. Je fus atterré. Personne ne savait où elles étaient allées : tout ce qu'on put me dire, c'est qu'*elles ne reviendraient pas*, et que la maison était à vendre. Je ne tardai pas à quitter ces lieux qui m'étaient devenus insupportables ; et, après deux années passées en voyages qui amortirent un peu mon chagrin, en me laissant une profonde mélancolie, je fus admis chez vous, où je suis resté depuis.

— Mon cher Raoul, dit alors la dame qui composait l'assemblée, sachez-moi un gré infini. Jamais auditoire ne fut plus bienveillant : j'ai écouté votre histoire, et cependant je la connaissais.

Raoul fit un geste de surprise.

— Je vais vous en dire la fin : Pauline s'est mariée et est devenue veuve au bout d'un an.

— Ah! madame, dit Raoul, cette plaisanterie est cruelle!

— Je ne plaisante pas. C'est d'elle que je tiens son histoire et la vôtre, et, au moment où je vous parle, elle va rejoindre sa mère, déjà installée dans la maison à la petite fenêtre.

— Quoi! vous la connaissez?

— Cette dame dont vous n'avez vu que la robe bleue...

— Eh bien?

— C'est Pauline.

— Et elle est partie?

— Elle est partie.

— Pour la Bretagne?

— Oui... Si vous vous étiez présenté à elle comme je vous y avais engagé, elle n'aurait pas manqué de vous reconnaître.

— Quoi ! vous saviez qu'il était question de moi dans son histoire?

— Nullement.

Le lendemain, Raoul se mit en route. La voiture n'avait jamais été si lentement.

Pendant que Raoul voyage, gourmandant les postillons, pressant les voyageurs, s'irritant contre le plus léger retard, voyons ce qui se passe aux lieux qu'il va revoir.

Pour peu que l'on réveille ses souvenirs, on n'aura pas de peine à reconnaître que le peu de bonheur que l'on a eu dans le cours de sa vie n'est jamais arrivé qu'à travers une foule d'obstacles qu'on lui a suscités, et que, si les efforts que l'on a faits avaient été suivis de succès, on aurait presque toujours réussi à se rendre le plus malheureux des hommes...

Aussi, quand je vois un homme courir, je me dis volontiers : « Gageons que cet homme va au-devant de quelque malheur ! » Raoul allait très-vite.

Depuis la veille, Pauline avait rejoint sa mère; elle avait revu avec quelque émotion la petite chambre et la fenêtre grillée ; elle avait revu son élève, son favori. Louis était devenu un jeune homme ; il faisait la classe de son oncle *le clerc,* et devait lui succéder. Il fut bien heureux de revoir Pauline. C'était à elle qu'il devait la place qu'il occupait et la considération dont l'entouraient tous les paysans. Le lendemain de son arrivée, Pauline voulut voir la mer. Le temps était on ne peut plus beau, le ciel était pur et sans nuages, la mer était bleue et transparente, et sa surface unie n'était qu'à peine ridée de temps en temps par un léger vent d'est; les oiseaux volaient haut, et semblaient comme des points mobiles dans les hautes régions de l'air.

Louis invita les deux dames à une promenade en canot ; la sérénité du temps les engagea à accepter.

Quelle bonne flânerie qu'une promenade sur l'eau ! Comme cet air de la mer rafraîchit doucement le front ! comme l'esprit devient libre et se dégage des soucis qu'on laisse sur la terre !

Quelle charmante harmonie que celle de l'eau qui fuit la quille et qui ruisselle blanchissante sur les flancs de la barque ! Quelles douces rêveries s'emparent alors de l'imagination et viennent la bercer !

Pauline se livrait sans restriction aux charmes de cette promenade ; elle avait bien vite oublié

Raoul dans cette vie, où, pour elle, les événements qui composent d'ordinaire l'existence humaine s'étaient écoulés dans l'espace de quelques heures. Mais les impressions qui s'emparaient d'elle alors avaient dû se rattacher à quelque souvenir ou à quelque espérance ; en revoyant sa maison, sa chambre, sa fenêtre, elle se rappelait l'être mystérieux si soumis à ses volontés, si prévenant à ses désirs. Louis, tout clerc qu'il était, et peut-être à cause de cela, était un médiocre navigateur. Une fausse manœuvre qu'il fit agita l'embarcation d'une manière qui effraya horriblement Pauline et sa mère ; par un mouvement instinctif, elle se jetèrent toutes deux sur le côté, et le canot, qui n'avait plus ni centre ni équilibre, chavira.

Alors un grand cri se fit entendre sur la rive.

A ce moment, un homme à cheval trottait tout le long de la grève.

Il pressa son cheval et fut bientôt arrivé.

— Qu'est-ce ? qu'y a-t-il ?... Ah ! voici sa robe blanche qui flotte.

Il se jette à l'eau.

La mer était calme, bleue et transparente. Un beau soleil couchant reflétait dans l'eau ses teintes de pourpre et de feu.

Il atteignit la robe; mais Pauline se cramponna après lui et l'étreignit de ses bras. Il n'était pas habile nageur; il se laissa entraîner, et tous deux disparurent. Le lendemain, la marée apporta sur les galets les cadavres de la mère de Pauline et de Louis. Deux autres cadavres étaient convulsivement enlacés, le désespoir empreint sur leurs traits décomposés par la souffrance : c'était ce qui restait de Pauline et de Raoul.

FIN DE SANS SE VOIR.

VENDREDI

— A GUSTAVE PATRAS —

— Il est neuf heures, et vous n'êtes pas habillé?
— Nous avons du temps encore devant nous. Ces souvenirs de jeunesse, qu'un hasard nous a fait rappeler; ces jours que nous dépensions sans compter, à cet âge où on se croit, d'années et de bonheur, un trésor inépuisable, tiennent mon esprit sous un tel charme, que j'ai peine à le rompre. La vie se partage en deux moitiés, l'une pleine d'espérances qui ne doivent point se réaliser; l'autre livrée aux regrets de bonheurs dont nous n'avons pas joui; car ce qui nous semblait si beau dans l'avenir, ce qui, lorsque nous l'a-

vons atteint, ne nous a donné que désappointement et dégoût, reprend sa magie dans le passé. L'espérance et le souvenir ont le même charme et le même prestige : c'est l'éloignement. Certes, la jeunesse a aussi ses peines, et elles sont d'autant plus amères, qu'alors on se croit en droit de demander beaucoup à la vie ; qu'on prend ses désirs pour des promesses, ses espérances pour des valeurs qui doivent être remboursées un jour ; mais la jeunesse a tant de force et de vie, que ses peines ont du charme et de la poésie, que vivre et sentir est pour elle une jouissance : semblable aux enfants dont le corps est sans cesse en mouvement, et qui se fatiguent volontairement plus qu'un forçat sous le bâton des gardes-chiourme. A tout prendre, c'est l'âge le plus heureux ; c'est celui où l'homme vit le plus à la fois.

— Et c'est aussi l'âge où l'on a le plus de grandeur et de noblesse, l'âge des croyances et de la foi, qui seules engendrent les grandes choses. Nous pouvons le dire, parce que, ni vous ni moi, nous ne sommes encore à l'âge où l'on appelle vice et folie ce que l'on ne peut plus faire ; où l'on érige ses infirmités en autant de vertus, où l'on se croit sobre, parce que l'estomac ne digère plus ; continent, parce que le sang a perdu sa chaleur ; discret, parce que l'on n'a plus rien à dire.

— Pensez-vous que, nous aussi, nous arrivions là ?

— Oui, la vie a pour tous le même courant, les mêmes rives, les mêmes écueils, le même port. Quoi que nous fassions, il nous faut passer par où les autres ont passé ; et le plus prudent serait de se laisser aller *à vallon*, comme disent les bateliers, sans se donner un mouvement inutile dans un courant invincible et invariable. Nous rions des ridicules et de la bicoque gothique de notre père; nous habiterons la bicoque, et nous aurons les mêmes ridicules ; et cette maison, nous l'aimerons, et ces ridicules, nous les caresserons. Nous croirons avoir un palais et des vertus !

— Néanmoins, quoique une vie âpre et agitée, plus que l'âge, — car je suis plus jeune que beaucoup d'étudiants, — m'ait de bonne heure exilé de cette riante partie de la vie, je comprends les passions et les folies de la jeunesse ; je les aime comme le printemps, dont elles ont la fraîcheur. Malheureusement, et espérons que ce sera pour peu de temps, cette vie, d'ordinaire si insoucieuse de la jeunesse, est aujourd'hui troublée par des occupations politiques. Étrange aveuglement, que d'escompter ainsi son avenir ! que de secouer l'arbre en fleur pour lui faire porter plus tôt des fruits sans maturité et sans saveur, surtout quand ces fleurs sont si fraîches et si parfumées, surtout quand, d'elles-mêmes, elles doivent tomber si vite ! L'arbre qui doit donner des fruits de primeur perd ses feuilles avant l'automne ; le jeune homme qui fait de la politique à dix-huit ans sera ganache à quarante ! C'est à la jeunesse qu'on peut appliquer ce que disait le réformateur Luther :

> Wer nicht liebt Wein, Weib und Gesang,
> Der bleibt ein narr sein lebenlang.

« Celui-là sera fou toute sa vie, qui n'aime ni le vin, ni l'amour, ni le chant. » Seulement, je retrancherais le vin.

— Pourquoi ? Vous tombez déjà dans ce que je disais tout à l'heure : vous voulez retrancher des plaisirs ceux dont vous ne jouissez pas ; vous n'aimez pas le vin, vous ne voulez pas qu'on en boive. Vous me rappelez ce renard qui, ayant perdu sa queue dans un piége, disait aux autres renards : « Que faites-vous de cette queue inutile, qui n'est bonne qu'à balayer la poussière et à faire dans les broussailles un bruissement révélateur ! »

— Je pense que la jeunesse est riche, et qu'elle ne doit pas empiéter sur l'avenir. Le vin est un plaisir qu'il faut se réserver pour un âge plus avancé. Si on dépense plus que son revenu de plaisirs, on sera ruiné des jouissances de la vieillesse.

— Cette fois, vous avez, je crois, raison, cependant versez-moi un verre de ce vin du Rhin.

— Pour en revenir à ce que nous disions, vous rappelez-vous, alors que nous demeurions rue de la Harpe, le jour où nous donnâmes un bal?

— Comme si la chose s'était passée hier. Je vois encore nos deux chambres contiguës, meublées d'une grande malle et d'une paire de fleurets.

— Vous rappelez-vous, ce jour-là, à quoi vous servit notre grande malle?

—Parbleu! mon père vint pour me sermonner; comme je l'avais reconnu par la fenêtre, je m'enfermai dans la malle; vous lui dîtes que j'étais sorti; et, comme il ne paraissait pas ajouter foi entièrement à votre assertion, vous vous tîntes assis sur la malle pour lui ôter l'idée de regarder dedans.

— Oui, et, pour que son sermon ne fût pas perdu, il jugea à propos de me le faire subir; en quoi je montrai un des plus grands dévouements à l'amitié que nous ait transmis l'histoire, tant j'écoutais avec patience et résignation.

— Tandis que, dans la malle où j'étouffais, j'étais en proie à toutes les douleurs de l'agonie!

— A propos de visites importunes, te rappelles-tu une visite que nous reçûmes dans cette même matinée?

— Je me rappelle le toit que nous gravissions pour arriver à une sorte de plate-forme entre deux cheminées ; là, nous portions des livres, des cigares, et nous nous chauffions à la fumée des cheminées voisines. Quand ton tailleur arriva, tu étais sur le toit; il te demanda. « Monsieur est-il ici ? — Oui, monsieur; donnez-vous la peine d'entrer. » Et je lui désignai le sommet du toit. Il est impossible d'imaginer une physionomie plus élargie, plus stupéfiée que celle de l'honorable créancier. « Monsieur me paraît occupé, me dit-il, je ne veux pas le déranger ayez seulement la bonté de lui dire que, s'il n'a pas payé son mémoire à midi, je le ferai citer devant le juge de paix. »

— Puis, quand il fut parti, il nous revint dans la mémoire que nous donnions un bal ce jour-là, et que nous avions invité vingt personnes ; nous nous demandâmes : « Que nous manque-t-il pour la solennité de ce soir ? » Nous réfléchîmes quelque temps, et le résultat de nos réflexions fut qu'il nous manquait tout ; puis nous examinâmes nos ressources. Elles consistaient en une montre qui, jusque-là, avait échappé à de fréquents naufrages, et en fort peu d'espèces monnayées ; il fallut avoir recours aux expédients. D'abord il était impossible que nos vingt invités pussent tenir dans nos deux chambres ; nous allâmes prendre dans un grenier un vieux paravent que quelque voisin y avait relégué, et, au moyen dudit paravent, nous parvînmes à clore le carré, que nous usurpâmes pour en faire une troisième chambre, dans laquelle nous mîmes deux chaises et une table.

— Puis j'allai chez sept ou huit amis pour réunir les vingt verres qu'il nous fallait, et nous débouchâmes ce que nous pûmes acheter de bouteilles de vin, et nous en doublâmes le nombre en mettant moitié d'eau ; après quoi, ce vin fut bouché et cacheté.

— Et notre orchestre?

— Oui, ce jeune musicien qui arrivait de Reims, et qui se laissa persuader qu'il jouait devant les plus célèbres artistes de Paris, et qui, pour se produire en si bonne société, joua du violon toute la soirée.

— Et le tapis? Tu allas en marchander deux chez un marchand de meubles qui demeurait sur la place de la Sorbonne ; on les apporta de ta part pour que l'on pût choisir. Je me rappelle encore l'hésitation du commissionnaire quand je lui dis de les laisser, qu'on enverrait la réponse ; puis il s'en alla, et nous nous empressâmes de clouer le tapis dans la seconde pièce.

— Et notre unique bougie, comme nous l'ornâmes de papier découpé ! comme nous la mîmes en évidence sur la table de jeu! comme nous eûmes soin de ne l'allumer que lorsqu'on commença à jouer.

— Cela me rappelle le reste de notre luminaire. J'imaginai de mettre deux clous au plafond, et, le soir, j'allai décrocher les deux quinquets qui éclairaient l'escalier, et je les plaçai dans *nos salons*. Quand nos invités arrivèrent, plusieurs se plaignirent que l'escalier n'était pas éclairé. A quoi nous répondîmes que cette maison était mal tenue, que nous allions la quitter. Et encore, pour le repas, comme nous n'avions pu avoir que des gâteaux à un sou, nous volâmes la cage où la portière tenait renfermée une douzaine de serins, dans l'intention de les plumer et de les faire cuire comme des alouettes; mais notre ignorance en cuisine sauva la vie aux oiseaux. Puis, dans un cabinet attenant à notre *appartement*, tu laissas tomber avec fracas, quand tout le monde fut réuni, deux ou trois vieilles tasses, et tu vins m'apprendre que les glaces étaient perdues; à quoi je répondis en citant le proverbe allemand :

« *Ein Gericht, und ein freundlich Gesicht.* (Un seul plat et un visage ami.) Vous n'aurez que des gâteaux et de l'eau sucrée ; mais une foule de visages amis. »

— Ce que tu as peut-être oublié, ce sont les préparatifs de notre toilette... Nous n'avions qu'une paire de bottes et une paire de souliers. Tous deux nous voulions mettre les bottes, parce qu'au quartier latin la botte est plus habillée que le soulier. Ne pouvant nous accorder, nous résolûmes de nous en rapporter au sort, et de jouer les bottes à pile ou face. Il ne nous restait pas une pièce de monnaie. Alors nous les jouâmes au premier sang avec des fleurets, boutonnés, bien entendu, et, quoique tu tirasses mieux que moi, je te touchai, et mis les bottes.

— C'est à moi que nous dûmes l'invention des bouquets pour les *dames*. Au moyen d'une corde et d'un nœud coulant, j'amenai chez nous toutes les fleurs qui couvraient la fenêtre d'une femme qui demeurait au-dessous de nous.

— Puis, le soir, arrivèrent des tribulations et des malheurs imprévus. Le musicien mangea comme un glouton, et, quoique nous eussions averti que nous n'avions pas faim, pour nous abstenir de diminuer le nombre déjà trop restreint des gâteaux, il n'y en eut pas pour tout le monde. Et nous nous aperçûmes qu'il n'y avait pas de serviettes pour les dames. Celles qui avaient des mouchoirs brodés profitèrent de cette occasion pour les étaler complaisamment ; mais celles dont les mouchoirs étaient plus simples paraissaient chercher. J'allai tout doucement décrocher les rideaux, et je les apportai sous la dénomination de serviettes. Et la bougie tirait à sa fin ; il n'y avait pas moyen de la remplacer. Nous étions fort perplexes, quand un incident nous sauva. Je ne sais plus quel est l'incident?

— Pas moins que le commis du tapissier. On l'avait beaucoup blâmé d'avoir laissé des tapis chez des inconnus ; et, sans des courses urgentes, il serait venu plus tôt chercher les tapis ou le prix en argent. La seconde condition était impossible à remplir ; la première n'était que difficile. Je priai le commis d'attendre sur l'escalier, puisque nous avions confisqué le carré à notre profit. En rentrant, je feignis de tomber en m'accrochant au tapis. « Fort heureusement, m'écriai-je, que cet accident n'est pas arrivé à une de ces *dames !* je leur épargne une cruelle entorse. Ce tapis nous empêche de danser dans cette pièce, et nous resserre dans les deux autres. Je vais l'enlever. » Je me mis à arracher les clous et j'enlevai le tapis.

— Ce qui remplit *nos salons* d'une épaisse poussière... Puis on se remit à **danser.**

— Comme j'étais censé avoir une **entorse,** je

m'occupai d'observer les danseurs et les danseuses. Les étudiants sont, en général, de bons et naïfs jeunes gens qui aiment à se parer des vices qu'ils n'ont pas. Simples et timides, ils font les roués et les mauvais sujets; ils fument, quoique le tabac leur fasse mal au cœur ; et ils marchent en frappant du talon. Pour les danseuses, prises dans la classe des grisettes, il n'y avait de remarquable en elles que l'affectation et la minauderie pendant la première moitié du bal; la gaieté, la folie, et peut-être plus pendant la seconde moitié.

— J'ai plus étudié les grisettes que toi ; tu es resté à la superficie. Dans tes observations, tu oublies le mépris de celles qui avaient des chapeaux pour celles qui n'avaient que des bonnets, et, en retour, la haine et la jalousie des bonnets contre les chapeaux ; le soin des premières de ne pas se découvrir la tête, quelques beaux que fussent leurs cheveux. Je ne te parlerai pas du style guindé des étudiants, ni de l'affectation sentimentale et romanesque des grisettes ; mais une chose m'a souvent frappé, et la voici :

» S'il y a un moment dans la vie où l'homme a de la grandeur et de la noblesse, où il sent en lui quelque chose qui, gêné par les limites étroites du corps, à chaque instant semble prêt à rompre les liens qui le retiennent, c'est alors que, surpris de nombreux besoins, de désirs inconnus, il écoute au dedans de lui-même la mystérieuse harmonie de l'âme qui s'éveille, et il se voit naître à une seconde naissance; alors qu'il rêve l'amour, que cette jeune âme se souvient des anges qu'elle vient de quitter, et cherche sur la terre où placer cet amour divin qui n'a plus d'objet. Heureuse alors la femme qui usurpe ce premier amour! car il n'y a pas une femme qui en soit digne ! heureuse si elle pouvait connaître le trésor de félicité qui lui est offert ! Mais, pour la plupart, elles méprisent ou dédaignent le jeune homme qui ne sait pas parler l'amour, ce qu'on n'apprend que lorsqu'on n'aime plus ; car, lorsqu'on aime du premier amour, il n'y a pas de langue humaine qui paraisse suffisante. Il faut que l'âme entende l'âme. Elles préfèrent se livrer à des hommes usés et au cœur caduc. Quelques-unes cependant sont plus expérimentées, et s'emparent, comme un oiseleur, de cet amour si pur et si profond ; mais elles n'ont que déceptions et dégoût à offrir en échange. Il faut, pour un premier amour, un premier amour ; ou bien il semble voir une rose qui, plantée dans du fumier, exhale un parfum perdu dans l'odeur fétide qui l'environne, et la tue.

» Eh bien, ces grisettes, jeunes filles blasées, chez lesquelles l'âme n'a pu naître, parce qu'elles ont eu un amant avant d'avoir de l'amour, c'est à elles que, semblables à l'abeille qui cherche le miel dans le calice des fleurs, viennent demander ce bonheur ineffable qu'ils ont rêvé, tant de jeunes gens purs encore et naïfs ; mais la fleur est décolorée et desséchée, et le suc qu'en retire l'abeille est un poison.

— Tu vois les choses sous un point de vue lamentable. Rappelons plutôt le dénoûment de notre bal : le voisin du dessous frappant avec un balai, pour réclamer le silence et la liberté de dormir ; notre mépris pour la requête du voisin ; le portier, irrité de ce que nous le faisions coucher tard, montant par malice l'assignation que mon tailleur avait été exact à m'envoyer ; le mystère avec lequel je la cachai ; la curiosité d'Adèle, supposant que c'était une lettre d'amour ; mon imprudente réponse : *Au contraire !* « Alors, monsieur, c'est un duel ! » le peu de succès de mes dénégations, la colère d'Adèle, notre brouille ; le départ de notre société, le portier reconnaissant les quinquets, et, le lendemain, notre congé de par le propriétaire, sur la plainte collective de tous les voisins.

— Sais-tu l'heure qu'il est ?

— Non.

— Minuit et demi, à peu près l'heure de sortir du bal, pour lequel tu n'es pas encore habillé.

FIN.

TABLE

Pages.

HORTENSE. Histoire de brigands. — Les amis littéraires. — Les pataches. — Débuts de M. Charles Lefloch dans les rôles de Scapin. 3
Continuation des débuts de Charles Lefloch dans les rôles de Scapin et de Mascarille. — Complicité d'un baromètre. — Je voudrais bien ne pas devenir le fils de mon oncle. . 35
Accès bucoliques 56
Les parents barbares. 71
Dans l'atelier 181

SANS SE VOIR. 231

VENDREDI. 267

FIN DE LA TABLE.

Coulommiers. — Imprimerie de A. MOUSSIN.

www.ingramcontent.com/pod-product-compliance
Lightning Source LLC
Chambersburg PA
CBHW050636170426
43200CB00008B/1037